"十四五"职业教育国家规划教材

"十三五"职业教育国家规划教材
职业教育新能源汽车技术专业教学资源库项目成果教材

纯电动汽车构造与检修

主　编　祝良荣　葛东东
副主编　张　庆　赵　俊　何也能
参　编　吴壮文　徐玉蓉　童高鹏
　　　　孙丽颖　任海雷　郦亦含

机械工业出版社

本书是"十四五"职业教育国家规划教材。

本书以典型纯电动汽车实际工作任务为基础，秉承"以能力为本，任务为载体，学生为主体"的理念，将电动汽车按照驱动电机系统、动力蓄电池系统、高压部件、充电系统、整车控制器和辅助系统等分解为一系列工作任务。学生通过对典型工作任务的实操，可掌握纯电动汽车典型故障的检测、诊断与维修方法，为今后的工作和进一步的专业学习打下坚实的基础。

本书主要内容包括纯电动汽车整体构造的认知、驱动电机系统的认知与检修、动力蓄电池系统的认知与检修、高压线束与高压部件的认知与检修、充电系统的认知与检修、整车控制器的认知与检修和辅助系统的检修。每个任务配备了**微课视频**，以二维码形式嵌入书中，同时每个任务还设置了**任务工单**，方便学生对课程进行全方位的学习。

本书可作为职业教育新能源汽车专业教材，还可作为汽车行业相关人员的参考读物。

为方便教学，本书配有电子课件、电子教案、任务工单和答案等资源，凡选用本书作为教材的教师均可登录 www.cmpedu.com 以教师身份注册下载。编辑咨询电话：010-88379201。

图书在版编目（CIP）数据

纯电动汽车构造与检修/祝良荣，葛东东主编 . —北京：机械工业出版社，2019.9（2023.12重印）

职业教育新能源汽车技术专业教学资源库项目成果教材

ISBN 978-7-111-63847-6

Ⅰ.①纯… Ⅱ.①祝…②葛… Ⅲ.①电动汽车-构造-职业教育-教材 ②电动汽车-车辆检修-职业教育-教材 Ⅳ.①U469.72

中国版本图书馆 CIP 数据核字（2019）第 213135 号

机械工业出版社（北京市百万庄大街22号　邮政编码100037）
策划编辑：师　哲　　　　　责任编辑：师　哲
责任校对：刘志文　肖　琳　封面设计：张　静
责任印制：单爱军
北京瑞禾彩色印刷有限公司印刷
2023年12月第1版第15次印刷
184mm×260mm·11.25 印张·264 千字
标准书号：ISBN 978-7-111-63847-6
定价：42.00元

电话服务　　　　　　　　网络服务
客服电话：010-88361066　机　工　官　网：www.cmpbook.com
　　　　　010-88379833　机　工　官　博：weibo.com/cmp1952
　　　　　010-68326294　金　书　网：www.golden-book.com
封底无防伪标均为盗版　机工教育服务网：www.cmpedu.com

关于"十四五"职业教育
国家规划教材的出版说明

为贯彻落实《中共中央关于认真学习宣传贯彻党的二十大精神的决定》《习近平新时代中国特色社会主义思想进课程教材指南》《职业院校教材管理办法》等文件精神,机械工业出版社与教材编写团队一道,认真执行思政内容进教材、进课堂、进头脑要求,尊重教育规律,遵循学科特点,对教材内容进行了更新,着力落实以下要求:

1. 提升教材铸魂育人功能,培育、践行社会主义核心价值观,教育引导学生树立共产主义远大理想和中国特色社会主义共同理想,坚定"四个自信",厚植爱国主义情怀,把爱国情、强国志、报国行自觉融入建设社会主义现代化强国、实现中华民族伟大复兴的奋斗之中。同时,弘扬中华优秀传统文化,深入开展宪法法治教育。

2. 注重科学思维方法训练和科学伦理教育,培养学生探索未知、追求真理、勇攀科学高峰的责任感和使命感;强化学生工程伦理教育,培养学生精益求精的大国工匠精神,激发学生科技报国的家国情怀和使命担当。加快构建中国特色哲学社会科学学科体系、学术体系、话语体系。帮助学生了解相关专业和行业领域的国家战略、法律法规和相关政策,引导学生深入社会实践、关注现实问题,培育学生经世济民、诚信服务、德法兼修的职业素养。

3. 教育引导学生深刻理解并自觉实践各行业的职业精神、职业规范,增强职业责任感,培养遵纪守法、爱岗敬业、无私奉献、诚实守信、公道办事、开拓创新的职业品格和行为习惯。

在此基础上,及时更新教材知识内容,体现产业发展的新技术、新工艺、新规范、新标准。加强教材数字化建设,丰富配套资源,形成可听、可视、可练、可互动的融媒体教材。

教材建设需要各方的共同努力,也欢迎相关教材使用院校的师生及时反馈意见和建议,我们将认真组织力量进行研究,在后续重印及再版时吸纳改进,不断推动高质量教材出版。

机械工业出版社

二维码索引

序号	二维码	名称	页码
1		电动汽车概念和分类的认知	1
2		纯电动汽车发展史	1
3		纯电动汽车结构的认知	5
4		纯电动汽车分类	9
5		驱动电机系统的认知	10
6		电力驱动系统结构类型	11
7		电机系统常见故障与检修	16
8		动力蓄电池系统的认知	23
9		动力蓄电池系统的结构与原理	29
10		动力蓄电池常见故障与检修	33

（续）

序 号	二 维 码	名 称	页 码
11		高压线束的认知	40
12		高压控制盒的认知与拆卸	45
13		DC-DC转换器的认知与拆卸	49
14		车载充电机的认知与拆卸	51
15		车载充电机工作原理	53
16		高压互锁电路的认知与故障排除	54
17		高压互锁断电保护	55
18		充电系统的认知	59
19		充电系统常见故障及检修	66
20		整车控制器的功能与整车状态认知	69

（续）

序　号	二维码	名　　称	页　码
21		整车控制策略的认知	72
22		整车故障管理	76
23		制动系统的检修	81
24		电动真空泵控制电路	85
25		电动真空泵的工作原理	85
26		冷却系统的检修	86
27		电动空调系统的检修	92
28		空调制冷系统的工作原理	93
29		空调供暖系统的工作原理	97

PREFACE 前 言

我国"十二五规划""十三五规划"和"十四五规划"都将新能源汽车定为国家战略性新兴产业,并列为重点发展方向之一。2020年11月,国务院办公厅印发的《新能源汽车产业发展规划(2021—2035年)》明确提出,到2025年,新能源汽车新车销售量达到汽车新车销售总量的20%左右。中华人民共和国工业和信息化部(以下简称工信部)最新数据显示,2021年,我国新能源汽车销售完成352.1万辆,同比增长1.6倍。纯电动汽车的技术研发、生产管理及运营维修服务,亟须一批掌握纯电动汽车构造、原理及检修技术的人才队伍。

本书主要特色如下:

1. 落实立德树人根本任务

本书将纯电动汽车专业知识与价值引领相统一,书中有效融入家国情怀、法治意识、责任意识、社会主义核心价值观等要素。

2. 深化"岗课赛证"融合

本书对接智能新能源汽车职业技能等级证书标准,吸收新能源汽车行业中新技术、新规范和新工艺,"岗、课、赛、证"深度融合,以提高专业人才培养质量,更好地服务国家战略性新兴产业。

3. 紧跟电动汽车行业前沿技术

"电动化""智能化""网联化""共享化"是未来汽车的发展趋势。当下电动汽车产品的迭代速度非常快。本书在讲解各个任务知识点时,尽可能跟踪行业、产业最新发展以及前沿技术。

4. 有效服务线上线下混合式教学

本书每个任务都配有对应的微课,并以二维码的方式置于每个任务的知识储备处。本书还配有任务工单,结合编者多年的开发与授课经验,建议采用线上线下混合式教学方式使用本书进行授课。学生课前学习基于任务工单,在线观看微视频;课中教师点拨,学生完成任务工单;课后师生间、学生间在线互动交流。本书注重培养学生的自主学习能力,引导学生主动参与、独立思考,并且全面增强了课堂的互动性。教师完成从"演员"到"导演"的转型,设计以学生为主体的课堂学习形式。

本书由祝良荣、葛东东担任主编,张庆、赵俊、何也能担任副主编。参加编写的还有吴壮文、徐玉蓉、童高鹏、孙丽颖、任海雷、郦亦含。

本书的编写得到了教育部国家级职业教育新能源汽车技术专业教学资源库的大力支持,

同时被立项为绍兴市重点教材（立项号：SXSJC201712），编者代表整个团队在此表示真诚的感谢。

由于编者的水平有限，书中难免有疏漏和不足之处，恳请广大读者批评指正。

编　者

CONTENTS 目 录

二维码索引
前　言

项目一　纯电动汽车整体构造的认知　1

任务一　电动汽车概念和分类的认知 / 1
任务二　纯电动汽车结构的认知 / 5

项目二　驱动电机系统的认知与检修　10

任务一　驱动电机系统的认知 / 10
任务二　驱动电机系统常见故障与检修 / 16

项目三　动力蓄电池系统的认知与检修　23

任务一　动力蓄电池系统的认知 / 23
任务二　动力蓄电池系统的结构与原理 / 29
任务三　动力蓄电池系统的故障与检修 / 33

项目四　高压线束与高压部件的认知与检修　40

任务一　高压线束的认知 / 40
任务二　高压控制盒的认知与拆卸 / 45
任务三　DC-DC 转换器的认知与拆卸 / 49
任务四　车载充电机的认知与拆卸 / 51
任务五　高压互锁电路的认知与故障排查 / 54

项目五　充电系统的认知与检修　59

任务一　充电系统的认知 / 59
任务二　充电系统常见故障及检修 / 66

项目六　69　整车控制器的认知与检修

任务一　整车控制器的功能和整车状态认知 / 69
任务二　整车控制策略的认知 / 72
任务三　整车故障管理 / 76

81　项目七　辅助系统的检修

任务一　制动系统的检修 / 81
任务二　冷却系统的检修 / 86
任务三　电动空调系统的检修 / 92

参考文献 / 103

任务工单

项目一 01 纯电动汽车整体构造的认知

任务一 电动汽车概念和分类的认知

 学习目标

1. 掌握纯电动汽车的概念。
2. 掌握纯电动汽车的分类。
3. 具备描述纯电动汽车特点的能力。

 知识储备

电动汽车概念和分类的认知

纯电动汽车发展史

一、电动汽车的概念

19 世纪末,法国巴黎街头出现了世界上第一辆以可充电电池为动力的电动汽车,它是由法国人古斯塔夫·土维发明的,距今已有 130 多年的历史了。到了 20 世纪 80 年代,能源和环境的压力促使全球各国及各个汽车生产商开始关注电动汽车的未来发展。

电动汽车(Electric Vehicle,EV)是指以车载能源(或其他能源)为动力,用电机驱动车轮行驶,符合道路交通和安全法规各项要求的车辆。图 1-1 所示为电动汽车典型代表——特斯拉 Model X。

新能源汽车是指采用非常规的车用燃料(指除汽油、柴油、天然气、液化石油气、乙醇汽油、甲醇、二甲醚之外的燃料)作为动力来源,或使用常规的车用燃料但是采用新型车载动力装置,综合车辆的动力控制和驱动方面的先进技术形成的,技术原理先进,具有新技术、新结构的汽车。

按照上述论述,新能源汽车的范畴更为广泛,其中包含了电动汽车。

图 1-1 电动汽车典型代表——特斯拉 Model X

二、电动汽车的分类

根据 GB/T 19596—2017《电动汽车术语》中的定义，电动汽车主要分为纯电动汽车、混合动力电动汽车、燃料电池电动汽车三种类型。

1. 纯电动汽车

纯电动汽车（Battery Electric Vehicle，BEV）是驱动能量完全由电能提供的、由电机驱动的汽车。

如图 1-2～图 1-7 所示，典型的纯电动汽车有特斯拉 Model S、奥迪 e-tron SUV、宝马 i3、蔚来 ES8、北汽新能源 EX360 和比亚迪宋 EV400 等。

图 1-2　特斯拉 Model S

图 1-3　奥迪 e-tron SUV

图 1-4　宝马 i3

图 1-5　蔚来 ES8

图 1-6　北汽新能源 EX360

图 1-7　比亚迪宋 EV400

纯电动汽车的优点如下：

（1）污染为零、噪声微小　传统内燃机的尾气中含有碳氧化物、氮氧化物、碳氢化合物及各种微小颗粒等有害物质，是造成温室效应等环境问题的原因之一。然而纯电动汽车避免了直接排放污染物这一情况，达到"零排放、零污染"。

（2）结构简单、维护便捷　相对于结构复杂的传统内燃机，电动汽车的动力蓄电池的结构要简单些，并且维修维护的工作量比维护内燃机的要小得多。

（3）较高的能量转换效率　电机驱动是电动汽车的一大特征，电机可以在电动机或者发电机两种状态下切换，所以在车辆制动、下坡的时候，回收这部分能量，提高了能量的利用率。另外，纯电动汽车还可随时停车、随时起动，但只消耗较少的电能。

（4）削峰填谷　由于纯电动汽车是利用电网来充电，电网的一个特点是存在"峰谷电"，白天电网处于用电高峰，夜间处于用电低谷。所以纯电动汽车可以避开用电高峰期，在夜间利用"谷电"进行充电，有利于电网负荷的均匀，减少费用的支出。

2. 混合动力电动汽车

混合动力电动汽车（Hybrid Electric Vehicle，HEV）是指能够至少从下述两类车载储存的能量中获得动力的汽车：

——可消耗的燃料；

——可再充电能/能量储存装置。

如图1-8～图1-11所示，典型的混合动力电动汽车有丰田普锐斯、宝马X5插电式混合动力、本田飞度混合动力和雷克萨斯RX450h等。

图1-8　丰田普锐斯

图1-9　宝马X5插电式混合动力

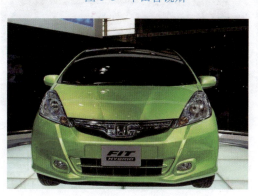

图1-10　本田飞度混合动力

图1-11　雷克萨斯RX450h

混合动力电动汽车当前比较普遍的方案是采用发动机和动力蓄电池的组合。根据内燃机和电机结构上的连接方式可分为串联式、并联式和混联式三种。

混合动力电动汽车的优点如下：

（1）油耗低、排放少　不同于传统内燃机汽车，常见的混合动力电动汽车是通过内燃机和动力蓄电池两种动力源之间的协作，来完成汽车的起步、低速、高速、匀速、加速和减速等行驶状态，以达到最经济的燃油消耗和尾气排放，从而实现节能环保。

（2）延长了动力蓄电池寿命　相对于纯电动汽车，混合动力电动汽车增加了内燃机作为另一动力源，这就能使电池不发生过充电和过放电的情况，让动力蓄电池始终保持在一个良好的工作状态，从而延长了动力蓄电池的使用寿命。

3. 燃料电池电动汽车

燃料电池电动汽车（Fuel Cell Electric Vehicle，FCEV）是指以燃料电池系统作为唯一动力源或以燃料电池系统与可充电储能系统作为混合动力源的汽车。

燃料电池是指将外部供应的燃料和氧化剂中的化学能通过电化学反应直接转化为电能、热能和其他反应产物的放电装置。

如图 1-12 ~ 图 1-15 所示，典型的燃料电池电动汽车有丰田 MIRAI、上汽大通 FCV80、荣威 950、现代 ix35。

图 1-12　丰田 MIRAI

图 1-13　上汽大通 FCV80

图 1-14　荣威 950

图 1-15　现代 ix35

燃料电池电动汽车的优点如下：

（1）近似零排放　燃料电池本身工作时不产生 CO（一氧化碳）和 CO_2（二氧化碳），也没有 S（硫）、NO_x 和微粒的排放。假如使用车载的甲醇重整催化器供给氢气，仅仅产生小部分的 CO 和 CO_2。

(2) **能量转化率高** 燃料电池的能量转化效率可以达到 60% ~ 80%，为内燃机的 2 ~ 3 倍。

(3) **运行平稳、无噪声** 燃料电池本身工作没有噪声，并且不像内燃机会产生振动，所以对于车辆本身而言，运行比较平稳。

任务二　纯电动汽车结构的认知

学习目标

1. 掌握纯电动汽车的主要组成部件。
2. 了解纯电动汽车的结构与原理。
3. 了解典型的纯电动汽车——特斯拉 Model S。

知识储备

纯电动汽车结构的认知

电动汽车主要有纯电动汽车、混合动力电动汽车以及燃料电池电动汽车三大类，纯电动汽车是电动汽车的技术基础，混合动力电动汽车是电动汽车的过渡模式，而燃料电池电动汽车是较理想的目标。

一、纯电动汽车的构造

传统的内燃机汽车是由发动机、底盘、车身和电气设备四部分组成的。纯电动汽车主要由电力驱动控制系统、汽车底盘、车身以及辅助装置等组成。所以，纯电动汽车与内燃机汽车的主要区别在于，前者采用驱动电机代替了发动机，其驱动系统做了一系列的变更，动力驱动装置也做了调整，动力源由燃油变为电能。图 1-16 所示为纯电动汽车基本结构的半透视图。

所以不难发现，除了电力驱动控制系统外，纯电动汽车其他部分的功能及结构基本与传统汽车相似，并且电力驱动控制系统决定了整个纯电动汽车的结构组成及性能特征。电力驱动控制系统可分为电力驱动模块、车载电源模块和辅助模块三大部分。

1. 电力驱动模块

电力驱动模块主要包括中央控制单元、驱动控制器、功率转换器、电机和机械传动装置等五部分。它的功用是将

图 1-16　纯电动汽车基本结构的半透视图

存储在动力蓄电池中的电能高效地转化为车轮的动能,并能够在汽车减速制动时,将车轮的动能转化为电能充入动力蓄电池。

(1) 中央控制单元　中央控制单元是电力驱动模块的控制中心,主要对整车的控制起协调作用。根据踏板的电信号,向电机控制器发出控制指令,对电机的旋转进行控制,从而实现电动汽车的起步、加速和制动等动作。

(2) 功率转换器　功率转换器的功能是按控制器的指令及电机的速度、电流的反馈信号,对电机的转速、转矩和旋转方向进行控制。直流电机主要通过斩波(DC-DC 转换器)进行调压、调速控制。

(3) 电机　电机在纯电动汽车中具有提供动力和发电的双重功能。汽车正常行驶时,电机提供动力来源;当汽车制动或下坡时,转换为发电机,进行能量回收。

关于电机的选型,必须根据负载特性和汽车行驶的特性来选择,汽车在起动或爬坡时需要有较大的起动转矩和短时过载能力,并有较宽的调速范围和优良的调速特性,即在低转速为恒转矩、高转速为恒功率。

(4) 机械传动装置　机械传动装置的功能是将电机的驱动转矩传输给驱动轴,从而带动汽车车轮行驶。由于电机本身就有优良的调速性能,相对传统汽车而言,其变速结构被大大简化。

2. 车载电源模块

车载电源模块主要由蓄电池电源、能量管理系统和充电控制器三部分组成。

车载电源模块的功用是向电机提供驱动电能、监测电源使用情况以及控制充电机向蓄电池充电。

(1) 蓄电池电源　蓄电池是纯电动汽车中的主要能源,它提供车辆行驶所需的电能和辅助电器的能量。在把蓄电池安装到车上之前,需经过串联或者并联的方式,组合成所需的电压。另外,由于各种蓄电池在电解液浓度和特性方面存在一定的差异,所以要求对其性能相近的蓄电池进行配组,这样有利于延长其使用寿命。

(2) 能量管理系统　能量管理系统的主要作用是实现能源的分配,协调各部件的能量管理,从而提高能量利用率。它需要与充电器共同控制充电情况,并且实时监控蓄电池的状态,对其各个性能参数等进行监测。

(3) 充电控制器　充电控制器的作用是将交流电整流为蓄电池需要的直流电,即把电网的电能转化为蓄电池充电要求的制式。目前,普遍采用三段式充电器,第一阶段为恒流阶段,第二阶段为恒压阶段,第三阶段为涓流阶段。

3. 辅助模块

辅助模块主要包括辅助动力源、动力转向系统、驾驶室显示操纵台和各种辅助装置等。辅助系统除辅助动力源外,依据不同车型而不同,但是辅助装置的功能与传统内燃机汽车上的基本类似。

二、纯电动汽车的结构与原理

纯电动汽车的基本结构与原理图如图 1-17 所示。蓄电池通过控制系统向电机供电,在电机中电能转化为机械能并传给传动系统,最后传给驱动车轮,力图使驱动车轮转动,并通过与地面间的相互作用产生使汽车行驶的牵引力。

加速踏板带有位置传感器，这种传感器可以是电位计式，也可以是差动变压器式，它能够将加速踏板的位置信号变成电信号送到中央控制单元，以控制汽车的行驶速度。

制动踏板也带有位置传感器，汽车在制动过程中，制动踏板位置传感器将信号传给中央控制单元，后者识别信号和汽车行驶状态后，发出指令，使汽车进入减速、减速再生制动、再生和机械联合制动或机械制动等状态。

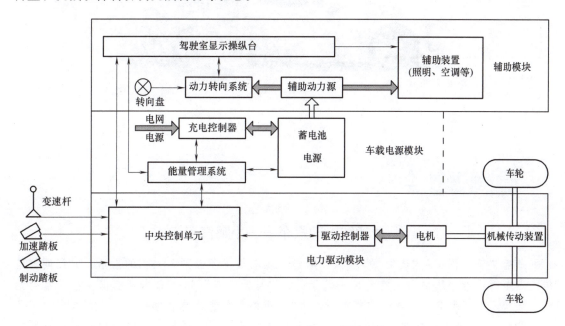

图1-17　纯电动汽车的基本结构与原理图

→ 控制信号流向；　⇒ 动力电源流向；　= 机械方式连接

三、典型纯电动汽车——特斯拉 Model S

特斯拉 Model S 是一款纯电动四门豪华运动型轿车，车身总长为 4979mm，车身宽度为 2187mm，轴距为 2960mm，如图 1-2 所示。特斯拉 Model S 标配全轮驱动双电机，这是对传统全轮驱动系统的一项创新性改进。车身前后各搭载一台电机，通过对前后轮转矩分别进行数字化独立控制，实现了在各种路况下的全天候牵引力控制。其中，2017 款特斯拉 Model S P100D 更有高性能后置电机，与高效率的前置电机联动，从而实现超跑级别的加速表现，最大功率为 586kW，最高车速为 250km/h，仅需 2.7s，即可从静止加速至 100km/h。

2017 款特斯拉 Model S P100D 在车外温度为 20℃，行驶速度为 100km/h，并且在关闭空调的情况下，能够行驶 547km（轮毂尺寸为 21in）。特斯拉 Model S 采用的电池为锂电池，是松下为特斯拉特制的，型号为 18650NCA，单颗容量为 3100mA·h。这种锂电池容量和内阻在 1000 次充放电后都保持着相对稳定的水平。

特斯拉 Model S 的充电方式有三种，分别为家庭充电、超级充电站以及目的地充电站。图 1-18 所示为特斯拉超级充电站。

图1-18 特斯拉超级充电站

智能纯电动汽车——小鹏汽车

随着"互联网+""大数据""人工智能"等新技术不断涌入人们的生活，它们同样给传统汽车行业带来了前所未有的冲击。于是，"智能汽车"这个概念渐渐出现在日常生活中。随后，就涌现出了一部分"造车新势力"，小鹏汽车就是其中的一员。

"这是一个改变的时代，是传统汽车向智能汽车的改变，更是传统出行向智慧出行的改变。我们以深刻的洞察和前瞻性思维，以数据驱动不断进化，让改变即刻发生！"这是小鹏汽车创立的思维。

小鹏汽车（广州小鹏汽车科技有限公司）2014年成立于广州，是一家科技驱动的高智能汽车制造公司。它汇聚了来自不同国家的顶尖人才，其中60%为研发人员。核心团队融合了互联网与汽车等行业的顶级专家，保证了小鹏汽车的跨界思维和开放包容。小鹏汽车已经在硅谷、广州、北京、上海、肇庆和郑州等地建立研发生产中心，做全球化企业布局。

小鹏G3是小鹏汽车的代表作，它是一款高智能互联网纯电动汽车，车身总长为4450mm，车身宽为1820mm，轴距为2610mm。小鹏G3的风阻系数仅为0.31，可以说在SUV中已经算是比较低的了，如图1-19所示。

小鹏G3采用的是液冷恒温三元锂电池组，电池容量为47.6kW·h，60km/h等速续驶里程为510km，NEDC（新欧洲驾驶周期或新标欧洲循环测试）综合工况续驶里程为365km。它所采用的电机类型为第二代永磁同步电机，电机的最大功率为145kW，电机的最大转矩为300N·m。小鹏G3的最高车速可达170km/h，0~100km/h的加速时间为8.4s。

小鹏G3的充电方式主要有两种，一种是专属的超级充电站，充电30min后续驶里程可以达到200km，并且在一二线城市中，每隔5~10km都有覆盖；第二种是家用充电桩，安装简单省心，享受独有充电自由。另外，小鹏汽车将与多个充电桩运营商合作，计划到2020年，在全国范围内合作第三方充电桩将达10万个。

图 1-19　小鹏 G3 外观图

作为一款智能纯电动汽车,除了上述的纯电动汽车共有的特性外,小鹏汽车智能的特色也是在各方面都有展现。语音控制功能,通过手机 APP 来远程控制空调、车窗、寻车定位,15.6in 悬浮触控屏,360°车顶相机,OTA 云升级功能等都是小鹏 G3 智能化的体现。

尤其是小鹏 G3 的全场景自动泊车功能更是体现了十足的科技感。小鹏 G3 拥有 12 个能感知 4m 内车辆与行人状态的超声波传感器,3 个极速反馈路况信息的毫米波传感器以及 5 个带 360°线框、地面文字与图形信息识别能力的视觉传感器,如图 1-20 所示,从而支持垂直/侧方/不规则泊车、无线框车位泊车、拖拽式自由泊车和智能钥匙泊车四种泊车方式。

图 1-20　小鹏 G3 传感器分布图

纯电动汽车分类

项目二 02 驱动电机系统的认知与检修

任务一 驱动电机系统的认知

学习目标

1. 掌握驱动电机系统的组成。
2. 掌握驱动电机的结构及驱动电机系统的关键部件。
3. 熟悉电机控制器的结构。
4. 熟悉驱动电机系统的控制策略。

知识储备

驱动电机系统的认知

一、驱动电机系统的概述

纯电动汽车的驱动电机系统与动力蓄电池系统、电控系统一同被称为纯电动汽车的三大核心系统，它是汽车行驶过程中的主要执行机构，其驱动特性决定了汽车行驶的主要性能指标，直接影响纯电动汽车的动力性、经济性和操控性，所以驱动电机系统的重要性不言而喻。

驱动电机系统主要由驱动电机（DM）和电机控制器（MCU）构成，并且通过高低压线束、冷却管路，与整车其他系统做电气和散热连接。

如图 2-1 所示，整车控制器（VCU）根据驾驶人意图发出各种指令，电机控制器响应并反馈，实时调整驱动电机输出，以实现整车的怠速、前行、倒车、停车、能量回收以及驻坡等功能。电机控制器的功能是通信和保护，实时进行状态和故障检测，保护驱动电机系统和整车安全可靠运行。

二、驱动电机的结构及驱动电机系统的关键部件

如果说发动机是传统内燃机的心脏，驱动电机就是纯电动汽车的心脏。它同发动机的功能一样，担负着纯电动汽车的驱动功能，驱动电机性能的好坏直接影响纯电动汽车性能的高低。

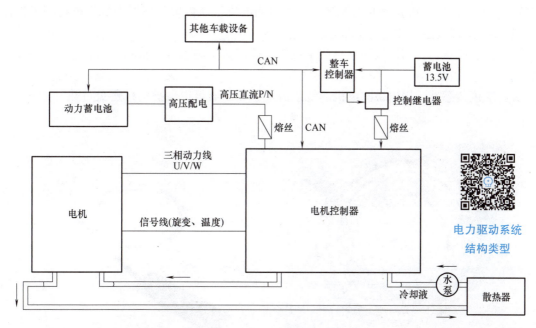

图 2-1　驱动电机系统连接示意图

电机是将电能转换成机械能或将机械能转换成电能的装置，它是具有能做相对运动的部件，是一种依靠电磁感应而运行的电气装置。

电机按照不同的分类方式，可以分为以下很多种类：

1）按工作电源种类分为直流电机和交流电机。

直流电机可分为无刷直流电机和有刷直流电机；有刷直流电机可分为永磁直流电机和电磁直流电机；交流电机可分为单相电机和三相电机。

2）按结构和工作原理可分为异步电机和同步电机。

同步电机可分为永磁同步电机、磁阻同步电机和磁滞同步电机；异步电机可分为感应电机和交流换向器电机。

3）按用途可分为驱动用电机和控制用电机。

控制用电机又分为步进电机和伺服电机等。

4）按转子的结构可分为笼型感应电机和绕线转子感应电机。

以北汽 EV200 为例，来认识一下该车型的驱动电机。

图 2-2 所示为北汽 EV200 驱动电机的实物图，它是一款永磁同步电机（Permanent Magnet Synchronous Motor，PMSM），具有效率高、体积小、重量轻及可靠性高等优点。

北汽 EV200 的驱动电机是动力系统的重要执行机构，是电能与机械能转化的部件，且自身的运行状

图 2-2　北汽 EV200 驱动电机的实物图

态等信息可以被采集到驱动电机控制器。该驱动电机依靠内置传感器来提供电机的工作信息，这些传感器包括旋转变压器和温度传感器。

1）旋转变压器。用以检测电机转子位置，控制器解码后可以获知电机转速，如图2-3所示。

2）温度传感器。用以检测电机的绕组温度，控制器可以保护电机避免过热，如图2-4所示。

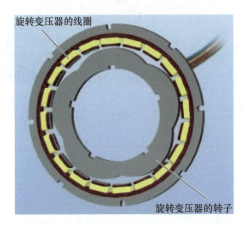
图 2-3　旋转变压器

图 2-4　PT1000 温度传感器

图 2-5 所示为北汽 EV200 驱动电机的剖面图。

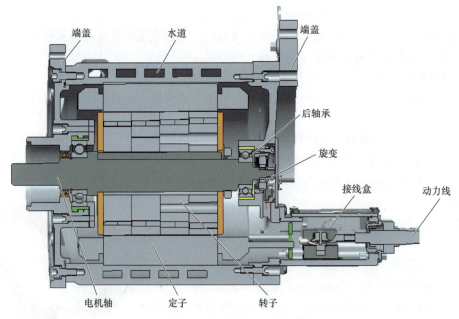
图 2-5　北汽 EV200 驱动电机的剖面图

北汽 EV200 驱动电机的主要零件包括定子组件、转子组件、端盖、油封和接线盒等其他组件，如图 2-6 所示。

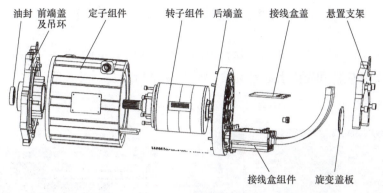

图 2-6 北汽 EV200 驱动电机零件示意图

三、电机控制器

根据 GB/T 18488.1—2015《电动汽车用驱动电机系统第一部分：技术条件》对驱动电机控制器的定义，电机控制器是控制动力电源与驱动电机之间能量传输的装置，由控制信号接口电路、驱动电机控制电路和驱动电路组成。

北汽 EV200 驱动电机的控制器采用三相两电平电压源型逆变器，如图 2-7 所示。

驱动电机系统的控制中心又称为智能功率模块，以 IGBT（绝缘栅双极型晶体管）模块为核心，辅以驱动集成电路和主控集成电路，如图 2-8 所示。

图 2-7　北汽 EV200 电机控制器实物图　　　图 2-8　北汽 EV200 IGBT 模块

电机控制器对所有的输入信号进行处理，并将驱动电机控制系统运行状态的信息通过 CAN 网络发送给整车控制器。驱动电机控制器内含故障诊断电路。当诊断出现异常时，它将会激活一个错误代码，发送给整车控制器，同时也会存储该故障码和数据。

电机控制器使用以下传感器来提供驱动电机系统的工作信息：

1）电流传感器。用以检测电机工作的实际电流（包括母线电流、三相电流），如图 2-9 所示。

2）电压传感器。用以检测供给电机控制器工作的实际电压（包括动力蓄电池电压、12V 蓄电池电压）。

图 2-9　电流传感器

3)温度传感器。用以检测电机控制系统的工作温度(包括IGBT模块温度、电机控制器板载温度)。

北汽EV200的电机控制器主要由接口电路、控制主板、IGBT模块(驱动)、超级电容、放电电阻、电流感应器和壳体水道等组成,如图2-10所示。

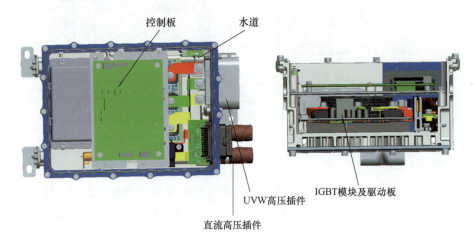

图2-10 北汽EV200电机控制器的结构图

北汽EV200电机控制器的主要零件包括箱体盖板组件、模块组件、控制板组件、三相接插件和直流接插件等,如图2-11所示。

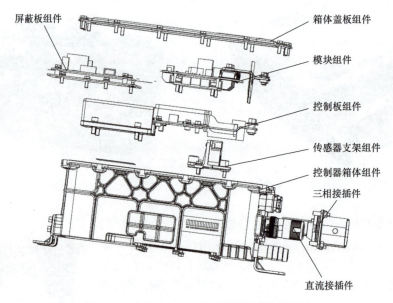

图2-11 北汽EV200电机控制器零件分解图

四、驱动电机系统的工作原理

在驱动电机系统中,驱动电机的输出动作主要是靠控制单元给定命令执行,即控制器输出命令。控制器主要是将输入的直流电逆变成电压、频率可调的三相交流电,供给配套的三相永磁同步电机使用，如图 2-12 所示。

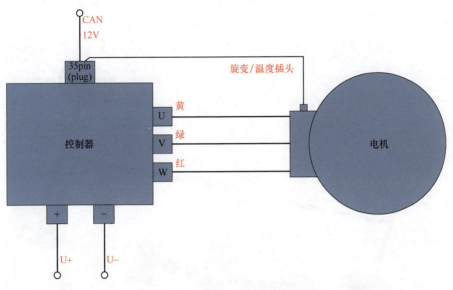

图 2-12　驱动电机系统的工作原理图

五、驱动电机系统控制策略

1. 驱动电机系统驱动模式

整车控制器根据车辆运行时的车速、档位、动力蓄电池 SOC 值来决定电机的输出转矩/功率。

当电机控制器从整车控制器处得到转矩输出命令时，将动力蓄电池提供的直流电转化成三相交流电，驱动电机输出转矩，通过机械传输来驱动车辆，图 2-13 所示为驱动电机系统驱动模式示意图。

图 2-13　驱动电机系统驱动模式示意图

2. 驱动电机系统发电模式

当车辆在滑行或制动时，电机控制器从整车控制器得到发电命令后，电机控制器将电机处于发电状态，此时电机会将车子动能转化成电能。然后，三相正弦交流电通过电机控制器转化为直流电，存储到动力蓄电池中，图2-14所示为驱动电机系统发电模式示意图。

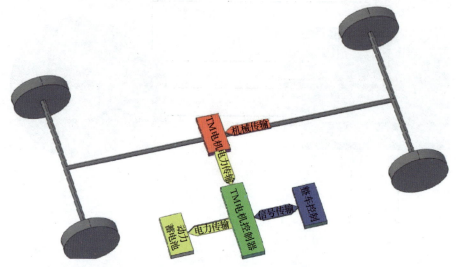

图2-14 驱动电机系统发电模式示意图

任务二 驱动电机系统常见故障与检修

 学习目标

1. 掌握驱动电机系统温度保护功能。
2. 掌握旋变故障。
3. 熟悉驱动电机的九种常见故障。
4. 本任务可以作为智能新能源汽车职业技能等级证书"新能源汽车动力驱动电机电池技术"模块（初级、中级）学习内容。

电机系统常见故障与检修

 知识储备

传统内燃机的驱动系统也就是发动机，它的故障检修涉及油、气、电三大方面，并且燃烧机理十分复杂，这就使得在判断故障原因时要考虑的因素更多。另外，传统发动机电控系统涉及各种类型的传感器，如氧传感器、空气流量传感器、曲轴位置传感器和爆燃传感器等，这也使发动机在整个排除故障流程和需要考虑的因素更多。

相比较而言，驱动电机系统较传统内燃机要简单，所以在故障检修方面也相对容易一些。

一、驱动电机系统温度保护功能

驱动电机系统温度保护功能分为电机温度保护和控制器温度保护两个方面。

1. 电机温度保护功能

当控制器监测到驱动电机的温度传感器显示：120℃≤温度＜140℃时，降功率运行；温度≥140℃时，降功率至0，即停机。

2. 控制器温度保护功能

当控制器监测到散热基板的板温度显示为：温度≥85℃时，超温保护，即停机。当控制器监测到散热基板的板温度显示为：85℃＞温度≥75℃时，降功率运行。

3. 冷却系统的控制策略

图 2-15 所示为冷却系统布置图（E150EV），该冷却系统沿用原车散热器及膨胀水箱，采用电动水泵，全新设计水管，为驱动电机和控制器散热。

1）当控制器监测到驱动电机的温度传感器显示：45℃≤温度＜50℃时，冷却风扇低速起动；温度≥50℃时，冷却风扇高速起动；温度降至40℃时冷却风扇停止工作。

2）当控制器监测到散热基板的板温度显示为：温度≥75℃时，冷却风扇低速起动；温度≥80℃时，冷却风扇高速起动；温度降至75℃时冷却风扇停止工作。

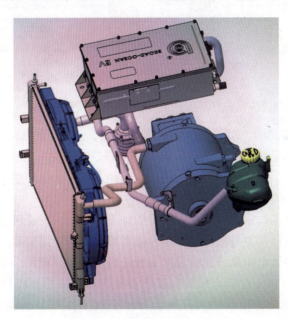

图 2-15　冷却系统布置图（E150EV）

二、驱动电机系统的旋变故障

通过本项目任务一的学习，初步了解了旋转变压器的作用主要是用以检测电机转子的位置，并且经过控制器解码之后，可以获知电机转速。

1. 旋转变压器的简介

旋转变压器安装在驱动电机上，是一种电磁式传感器，又称为同步分解器，用来测量旋转物体的转轴角位移和角速度。在电动汽车上，使用旋转变压器作为测量驱动电机转速的元件，并将测得的转速信号传递给电机控制器。

（1）旋转变压器的工作原理　旋转变压器的工作原理和普通变压器基本相似，区别在于普通变压器的一次、二次绕组是相对固定的，所以输出电压和输入电压之比是常数。但是，旋转变压器的一次、二次绕组则随转子的角位移发生相对位置的改变，因而其输出电压的大小随转子角位移而发生变化，输出绕组的电压幅值与转子转角成正弦、余弦函数关系，或保持某一比例关系。其中定子绕组作为变压器的一次，接收励磁电压。转子绕组作为变压器的二次，通过电磁耦合得到感应电压。旋转变压器的原理示意图如图2-16所示。一次侧作为转子，二次侧作为定子。随着两者相对角度的变化，在输出侧就可以得到幅值变化的波形。旋变输出信号幅值随位置变化而变化，但频率不变。

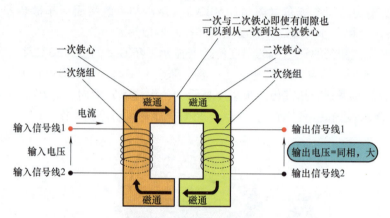

图2-16　旋转变压器的原理示意图

（2）**旋转变压器的结构**　旋转变压器有多种形式，应用于电动汽车电机上的旋转变压器在结构上分为线圈和信号齿圈两部分。其中，传感器线圈固定在壳体上，也就是定子上，信号齿圈固定在转子上。传感器线圈由励磁、正弦和余弦三组线圈组成。

2. 旋转变压器故障排除

在电机与控制器低压线束连接正确的前提条件下，如果出现旋转变压器故障，一般分为两种情况：一是旋转变压器本身故障，二是控制器旋变解码电路故障。但是无论上述两种故障哪一种出现，都会导致电机系统无法起动或转矩输出偏小等现象。

若上述情况出现，首先检查电机旋转变压器是否损坏。检查电机控制器与电机连接低压线束无退针与虚接现象，检查电机控制器低压控制插件12V供电是否正常，检查步骤如下：

（1）**检查电路的通断**　根据电路图脱开电机控制器插头，测量电机旋变插头35的针脚至电机控制器针脚19针之间导线是否出现断路/短路情况。

（2）**检查励磁绕组的电压**　检查励磁绕组的电压，钥匙打至ON档测量插件端应有3～3.5V的交流电压。

（3）**检查线圈的电阻值**　用万用表测量电机旋变传感器的阻值。正确的线圈阻值如下：

1）正弦绕组阻值。拔下插件测量传感器端子应为（60±10）Ω。

2）余弦绕组阻值。拔下插件测量传感器端子应为（60±10）Ω。

3）励磁绕组阻值。拔下插件测量传感器端子应为（30±10）Ω。

若线圈的阻值超出正常范围，需更换旋转变压器。若阻值正常，则可能是控制器内部旋变解码电路故障，需更换控制器主控板。

三、驱动电机系统常见故障及维修

在排除驱动电机系统的故障时,可以使用诊断仪检查故障码,再根据故障码的提示,来分析故障产生的原因并进行电路和电气元件的检查。驱动电机系统常见故障及解决方法见表2-1。

表2-1 驱动电机系统常见故障及解决方法

序号	故障名称	故障码	故障可能原因	解决方法
1	电机控制器直流母线过电压故障	P114017	1) 电机系统突然大功率充电 2) 高压回路非正常断开	分析整车数据,如果总线电压报文与实际电压不相符,则需要检查高压供电回路,高压主继电器、高压插件有无异常
2	电机控制器相电流过电流故障	P113119 P113519 P113619 P113719	1) 负载突然变化、旋变信号故障等导致电流畸变,如动力蓄电池或主继电器频繁通断 2) 控制器损坏(硬件故障) 3) 控制器采集电压与实际电压不一致	检查高压回路 更换控制器 标定电压,刷写控制器程序
3	电机超速故障	P0A4400	1) 整车负载突然降低,电机转矩控制失效 2) 电机低压信号线插头连接松动或者退针 3) 控制器损坏(硬件故障)	如重新上电不复现,不用处理 检查信号线插头 更换控制器
4	电机温度过高故障	P0A2F98	1) 电机低压信号线插头连接松动或者退针 2) 冷却系统工作异常 3) 电机本体损坏(长时间过载运行)	检查信号线插头 检查冷却液是否充足,水泵是否正常工作,冷却管路是否堵塞或堵气 更换电机
5	电机控制器IGBT温度过高故障	P117F98 P117098 P117198 P117298	同电机温度过高	同电机温度过高
6	电机控制器辅助蓄电池欠电压故障	U300316	12V蓄电池电压过低,或者由于35针线束原因,控制器低压接口电压过低	检查蓄电池电压,给蓄电池充电;检查控制器低压接口,测量35针插件24脚和1脚电压是否低于9V
7	与整车控制器通信丢失故障	U010087	1) 未收到整车控制器信号 2) 网络干扰严重 3) 线束问题	检查35针线束连接是否正常,检查CAN网络是否BUS OFF,或者更换整车控制器
8	电机系统高压暴露故障	P0A0A94	1) 电机控制器电源模块硬件损坏 2) 软件与硬件不匹配 3) 有部件报出高低压互锁故障	刷写程序或更换控制器
9	电机(噪声)异响		1) 电磁噪声(高频较尖锐) 2) 机械噪声,可能是来自减速器、悬置、电机本体(轴承)	1) 电磁噪声属正常 2) 排查确定电机本体损坏,更换电机

知识拓展

轮毂电机技术

驱动电机除了上述的普通驱动电机外,还有一种较为特殊的驱动电机,称为轮毂电机。轮毂电机技术将动力系统、传动系统和制动系统都整合到轮毂内,因此电动车辆的机械部分得以大大简化。所以,轮毂电机技术又称为车轮内装式电机技术。轮毂电机技术凭借自身的各项优势,将在电动汽车驱动技术上发挥不可替代的作用,图2-17所示为一种电机一体化封装的18in轮毂。

图2-17　一种电机一体化封装的18in轮毂

轮毂电机技术并非新生事物,早在1900年,保时捷就首先制造出前轮装配轮毂电机的电动汽车,在20世纪70年代,这一技术在矿山运输车等领域得到应用。而对于乘用车所用的轮毂电机,日系厂商对于此项技术研发开展较早。目前处于领先地位,包括通用、丰田在内的国际汽车巨头也都对该技术有所涉足。我国目前对于轮毂电机技术的研究尚不成熟,尤其是在高转矩轮毂电机开发方面,与国外仍有一定的差距。

1. 轮毂电机的结构

轮毂电机驱动系统根据电机的转子形式主要分成内转子式和外转子式两种,如图2-18所示。其中外转子式采用低速外转子电机,电机的最高转速为1000～1500r/min,无减速装置,车轮的转速与电机相同;而内转子式采用高速内转子电机,配备固定传动比的减速器,为获得较高的功率密度,电机的转速可高达10000r/min。随着更为紧凑的行星齿轮减速器的出现,内转子式轮毂电机在功率密度方面比低速外转子式更具竞争力。

(1) **内转子轮毂电机**　内转子外定子轮毂电机分散驱动式驱动系统布置形式采用一般的高速内转子外定子电机,其转子作为输出轴与固定减速比的行星齿轮变速器的太阳轮相连,而车轮轮毂通常与其齿圈连接,它能提供较大的减速比,来放大其输出转矩。高速内转子电机具有体积小、重量轻和成本低的优点,但它需要加行星齿轮变速机构。

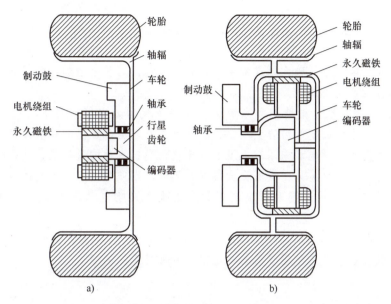

图 2-18 轮毂电机的结构示意图
a) 内转子 b) 外转子

（2）外转子轮毂电机　内定子外转子轮毂电机分散驱动式驱动系统布置形式采用低速内定子外转子电机，其外转子直接安装在车轮的轮缘上，可完全去掉变速装置，驱动电机转速和车轮转速相等，车轮转速和车速控制完全取决于驱动电机的转速控制。由于不通过机械减速，通常要求驱动电机为低速大转矩电机。低速内定子外转子电机结构简单，无须齿轮变速传动机构，但其体积大、质量大、成本高。

2. 轮毂电机的优缺点

（1）优点

1）省略大量传动部件，让车辆结构更简单。对于传统车辆而言，离合器、变速器、传动轴、差速器乃至分动器都是必不可少的，而这些部件不但重量比较重、让车辆的结构更为复杂，同时也存在需要定期维护和故障率的问题。但是轮毂电机除了结构更为简单外，采用轮毂电机驱动的车辆可以获得更好的空间利用率，同时传动效率也要高出不少。

2）可实现多种复杂的驱动方式。由于轮毂电机具备单个车轮独立驱动的特性，因此无论是前驱、后驱还是四驱形式，它都可以比较轻松地实现，全时四驱在轮毂电机驱动的车辆上实现起来非常容易，同时轮毂电机可以通过左右车轮的不同转速甚至反转实现类似履带式车辆的差动转向，大大减小车辆的转弯半径。

3）汽车底盘主动控制性能好。轮毂电机驱动形式的动力传动链较短，各车轮独立控制，电机的控制响应快、精度高，并且每个驱动轮由各自的控制器控制，可以实现底盘主动控制的功能。如果在四轮中均采用轮毂电机，可以实现最理想的控制效果。

4）轮毂电机驱动适应电动汽车。新能源车型不少都采用电驱动，因此轮毂电机驱动也就派上了大用场。无论是纯电动还是燃料电池电动汽车，或是增程式电动车，都可以用轮毂电机作为主要驱动力。同时，新能源车的很多技术，如制动能量回收也可以很轻松地在轮毂电机驱动车型上得以实现。

（2）缺点

1）增大簧下质量和轮毂的转动惯量，对车辆的操控有所影响。对于普通乘用车来说，常常用一些相对轻质的材料，如铝合金来制作悬架的部件，以减轻簧下质量，提升悬架的响应速度。可是轮毂电机恰好较大幅度地增大了簧下质量，同时也增加了轮毂的转动惯量，这对于车辆的操控性能是不利的。

2）电制动性能有限，维持制动系统运行需要消耗部分电能。对于轮毂电机驱动的车辆，由于轮毂电机系统的电制动容量较小，不能满足整车制动性能的要求，都需要附加机械制动系统，但是对于普通电动乘用车，没有了传统内燃机带动的真空泵，就需要电动真空泵来提供制动助力，但也就意味了有着更大的能量消耗，即便是再生制动能回收一些能量，如果要确保制动系统的效能，制动系统消耗的能量也是影响电动汽车续驶里程的重要因素之一。

3）其他方面。轮毂电机工作的环境恶劣，面临水和灰尘等多方面影响，在密封方面也有较高要求，同时在设计上也需要为轮毂电机单独考虑散热问题。

项目三 动力蓄电池系统的认知与检修

任务一 动力蓄电池系统的认知

学习目标

1. 了解动力蓄电池系统的作用和组成。
2. 掌握动力蓄电池的类型和特点。
3. 拓展动力蓄电池系统的关键技术。

动力蓄电池系统的认知

知识储备

区别于传统能源汽车,纯电动汽车没有发动机和燃油箱,而是用电机取代发动机,动力蓄电池取代燃油。动力蓄电池是纯电动汽车唯一的能量来源,它提供电能给电机,通过电机等动力装置将电能转换成机械能,从而驱动车辆行驶。动力蓄电池系统是电动汽车的关键核心部件,直接关系到车辆的动力性、经济性和安全性。

一、动力蓄电池系统的作用

动力蓄电池系统作为电动汽车的能量源,除了为电动汽车提供电能外,它还起到以下作用:

1) 动力蓄电池组剩余电量(SOC)计算功能。
2) 动力蓄电池组温度和电压等参数检测功能。
3) 动力蓄电池组充放电控制和预充电控制功能。
4) 动力蓄电池组故障警告功能。
5) 动力蓄电池组热管理等功能。

二、动力蓄电池的类型和特点

1. 电池的分类

电池是一种将化学能转换成电能的装置,其基本组成有正极板、负极板、隔板和电解质。只能一次进行充电的电池称为一次电池,能反复进行充放电的电池称为二次电池。电池的分类见表3-1。

表3-1 电池的分类

化学电池	一次电池	碳锌电池、锌锰电池等
	二次电池	铅酸蓄电池、镍氢蓄电池、钠硫蓄电池、锂离子蓄电池、燃料电池等
物理电池	飞轮电池、超级电容、太阳能电池等	
生物电池	微生物电池、酶电池等	

2. 动力蓄电池的类型和特点

目前国内外研究开发的电动汽车用动力蓄电池主要包括铅酸蓄电池、镍镉蓄电池、镍氢蓄电池、钠硫蓄电池、锂离子蓄电池、空气电池、燃料电池和太阳能电池等。

从实际应用中看，电动汽车动力蓄电池的性能好坏主要取决于以下几个指标：

（1）比能量（W·h/kg） 比能量是指单位质量的电极材料放出电能的大小，它标志着纯电动模式下电动汽车的续驶能力。

（2）比功率密度（W·h/L） 比功率密度是指燃料电池所能输出的最大功率除以整个燃料电池的重量或体积，用来描述燃料电池在瞬间能放出较大能量的能力。

（3）比功率（W/kg） 比功率是指单位质量的动力蓄电池所能提供的功率，用来判断电动汽车的加速性能和最高车速，直接影响电动汽车的动力性能。

（4）循环寿命 循环寿命是动力蓄电池充电一放电循环一周的次数，是衡量动力蓄电池寿命的重要指标。循环次数越多，动力蓄电池的使用时间越长。

（5）成本 动力蓄电池的成本与新技术、原材料、制作工艺和生产规模等因素有关。通常新开发的高比功率动力蓄电池成本相对较高，但是随着新技术的不断采用，动力蓄电池成本将会逐渐降低。

针对比能量、比功率密度、比功率、循环寿命和成本五个动力蓄电池的主要参数，表3-2列出了几种主要动力蓄电池的性能。

表3-2 汽车用动力蓄电池性能比较

电池类型	比能量/(W·h/kg)	比功率密度/(W·h/L)	比功率/(W/kg)	循环寿命/(次)	成本/[US$/(kW·h)]
铅酸蓄电池	30～45	60～90	200～300	400～600	150
镍镉蓄电池	40～60	80～110	150～350	600～1200	300
镍氢蓄电池	60～80	120～160	550～1350	1000	200～350
钠硫蓄电池	100	150	200	800	250～450
锂离子蓄电池	90～130	140～200	250～450	800～1200	200

铅酸蓄电池重量大，充电、放电功能较差，循环寿命短。此外，铅酸蓄电池含有的重金属铅对环境的污染严重，且在强烈的碰撞下会产生爆炸，对消费者的生命安全构成威胁，因此，铅酸蓄电池将会被淘汰。

镍镉蓄电池的技术成熟，冲击和振动、自放电小，性能稳定，可大电流放电，使用温度范围宽：40～65℃，几乎不用维修。但电流效率及能量效率尚欠佳，活性物质利用率低，有记忆效应等。其致命缺点是含有有毒金属元素镉。欧盟国家已经自 2005 年 12 月 31 日起禁止了镍镉蓄电池的进口，其长期将逐渐被性能更好的绿色电池所取代。

镍氢蓄电池具有高比功率、电流充放电大、无污染和安全性能好等特点，缺点是具有轻度记忆效应，高温环境下性能差，但是由于其技术成熟，综合性能好，是当前混合动力电动汽车中应用最为成熟的绿色电池。大功率镍氢动力蓄电池正迎来一个划时代的发展机遇，在已经研制或投入生产的混合动力电动汽车中 80% 以上均采用镍氢蓄电池作为动力电源。

锂离子蓄电池性能比较高，可以快速充电、高功率放电、能量密度高且循环寿命长，但价格高、高温下安全性能差。随着锂离子蓄电池的正负极材料不断开发，技术不断成熟，锂离子蓄电池将在电动汽车时代发挥主导作用。磷酸铁锂离子蓄电池和三元材料锂离子蓄电池是目前最受关注的两种类型锂离子蓄电池。

燃料电池是将燃料的化学能转变为电能的装置。但燃料电池在产生电能时，内部参加反应的反应物质经过不断地消耗反应，由于其不可重复使用性，需不间断地继续输入反应物。燃料电池在其反应稳定后，需要不断地提供燃料而将化学能转变为电能，放电特性连续，但不可反复充电使用。燃料电池以氢燃料为主，氢燃料虽然没有任何污染，技术也相对成熟，发动机特性优于现有的内燃机，但成本很高，另外在增加续驶时间等方面还要进一步加强，而且需要有庞大的基础设施配合，这些技术性工作相当长时间内很难达到预期的效果，商业化比较困难。

三、锂离子蓄电池的充放电原理

锂离子蓄电池是目前主流的动力蓄电池，按照正极材料的不同，目前常用的有钴酸锂电池、锰酸锂电池、磷酸铁锂电池和三元材料锂离子蓄电池。北汽 EV160 使用的是普莱德公司的磷酸铁锂电池，北汽 EV200 使用的是 SK 公司的三元材料锂离子蓄电池，特斯拉 Model S 使用的是松下公司 18650 三元材料锂离子蓄电池。

1. 锂离子蓄电池的工作原理

锂离子蓄电池是指分别用两个能可逆地嵌入与脱嵌锂离子的化合物作为正负极构成的二次电池。锂离子蓄电池充电时，阴极中锂原子电离成锂离子和电子，并且锂离子向阳极运动与电子合成锂原子。放电时，锂原子从石墨晶体内阳极表面电离成锂离子和电子，并在阴极处合成锂原子。所以，在该电池中锂永远以锂离子的形态出现，不会以金属锂的形态出现，所以这种电池叫作锂离子蓄电池。

锂离子蓄电池主要由正负极、电解质、隔膜以及外壳组成，如图 3-1 所示。

1）正极。正极含有锂离子的金属氧化物，放电时，锂变成锂离子，脱离锂离子蓄电池阳极，到达锂离子蓄电池阴极。常用的

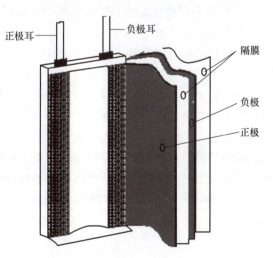

图 3-1　锂离子蓄电池的结构

正极材料包括钴酸锂、锰酸锂、磷酸铁锂和三元材料（常用的三元材料为镍钴铝）。

2）负极。材料则选择电位尽可能接近锂电位的可嵌入锂化合物（如各种碳材料，包括天然石墨、合成石墨、碳纤维、中间相小球碳素等）和金属氧化物。

3）电解质。采用LiPF6的碳酸乙烯酯、碳酸丙烯酯和低黏度二乙基碳酸酯等烷基碳酸酯搭配的混合溶剂体系。

4）隔膜。采用聚烯烃微多孔膜，如PE、PP或它们复合膜，尤其是PP/PE/PP三层隔膜，不仅熔点较低，而且具有较高的抗穿刺强度，起到了热熔丝作用。

5）外壳。采用钢或铝材料，盖体组件具有防爆断电的功能。

在锂离子蓄电池的充放电过程，锂离子处于从正极—负极—正极的运动状态，这种特性形如摇椅两端来回摆动，故锂离子蓄电池又称为摇椅电池。锂离子蓄电池充放电工作过程图如图3-2所示。

以磷酸铁锂电池为例，充电时，Li^+从磷酸铁锂晶体内面迁移到晶体表面，在电场力的作用下，进入电解液，穿过隔膜，再经电解液迁移到石墨晶体的表面，然后嵌入石墨晶格中。与此同时，电子经导电体流向正极的铝箔集电极，经极耳、电池极柱、外电路、负极极柱、负极耳流向负极的铜箔集流体，再经导电体流到石墨负极，使负极的电荷达到平衡。锂离子从磷酸铁锂脱嵌后，磷酸铁锂转化成磷酸铁。

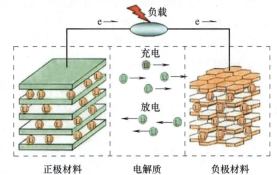

图3-2　锂离子蓄电池充放电工作过程图

磷酸铁锂电池放电时，Li^+从石墨晶体中脱嵌出来，进入电解液，穿过隔膜，再经电解液迁移到磷酸铁锂晶体的表面，然后重新经表面嵌入磷酸铁锂的晶格内。与此同时，磷酸铁锂电池经导电体流向负极的铜箔集电极，经极耳、电池负极柱、外电路、正极极柱、正极极耳流向电池正极的铝箔集流体，再经导电体流到磷酸铁锂正极，使正极的电荷达到平衡。

2. 过充电过放电对锂离子蓄电池的影响

锂离子蓄电池过充电和过放电将严重影响电池使用寿命，过充电甚至会造成锂离子蓄电池发生燃烧爆炸。放电时，负极板上石墨晶格中锂离子不能完全移向正极，必须保留一部分锂离子在负极，以保证下次充电时锂离子畅通嵌入石墨晶格，过放电的会是造成负极板石墨层状结构塌陷，限制再充电时嵌入负极板内锂离子的数量，造成容量下降、内阻增加、寿命缩短并不能恢复；充电时，锂离子蓄电池过度充电，以致电压超过最高充电限制电压时，负极板上石墨晶格无法继续嵌入锂离子，造成锂离子以锂金属的形态在负极表面，针状锂金属结晶刺穿隔膜造成微短路，轻则加剧锂离子蓄电池自放电，重则晶枝短路电流造成锂离子蓄电池温度急剧升高，电解液分解汽化，引起锂离子蓄电池发生燃烧爆炸。因此，锂离子蓄电池需配备蓄电池管理系统（BMS）对充放电过程进行精确控制，既不能过充电，也不能过放电。

四、拆装电动汽车动力蓄电池

以北汽EV160为例，说明动力蓄电池的拆装过程。特别需说明，动力蓄电池的拆装涉及高压电，因此务必是接受过专业培训并持有高压电工上岗证的技术人员进行操作，否则禁止开展动力蓄电池拆装作业。

1. 作业前准备

1）设置安全隔离，并放置安全警告牌，如图 3-3 所示。

2）检查并穿戴个人安全防护用品，如图 3-4 所示，注意操作人员需持证上岗操作。

图 3-3　车辆安全隔离并设置警告牌

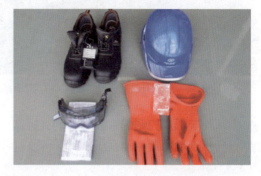

图 3-4　个人安全防护用品

3）检查并调校仪器设备、绝缘工具箱、举升机和动力蓄电池举升车，如图 3-5 所示。

图 3-5　绝缘工具箱和动力蓄电池举升车

4）以上检查结束后实施车辆防护。

2. 拆卸动力蓄电池操作步骤

1）检查确认车辆停放稳当，拉好驻车制动。

2）关闭开关，拔下车辆钥匙。

3）拆下前舱低压蓄电池负极，并用绝缘胶带缠绕，以断开整车低压控制电源，如图 3-6 所示。

4）断开动力控制单元 PDU 控制电路 35 针插件，如图 3-7 所示。

5）举升车辆，当车辆举升到合适的操作高度时，锁止举升机保证车辆可靠支撑。

6）拆下动力蓄电池线束塑料护板。

图 3-6　拆卸低压蓄电池负极

图 3-7 PDU 单元 35 针插件

7）检查低压控制线束插件外观，拆卸低压线束插件，如图 3-8 所示。

8）检查动力蓄电池高压线缆，动力蓄电池端插件外观，拆卸动力蓄电池端插件，如图 3-9 所示。

图 3-8 拆卸低压控制线束插件

图 3-9 拆卸高压线缆动力蓄电池端插件

9）测量动力蓄电池端插件母线正负输出端电压，如图 3-10 所示。

10）用放电工装对高压负载端进行放电。

11）使用动力蓄电池举升装置拆卸动力蓄电池包。

12）拆卸动力蓄电池安装螺栓。

3. 安装动力蓄电池步骤

1）安装步骤与拆卸步骤相反。

2）动力蓄电池安装完成以后，需检查动力蓄电池能否正常上电运行，步骤如下：

图 3-10 动力蓄电池端插件母线正负极

① 将钥匙打至 START 档，查看仪表板有无异常报警。

② 使用解码器对车辆进行快速测试，查看是否有无故障码。若有故障码，根据故障码提示排除故障；若无，表示动力蓄电池运行正常。

三元材料与磷酸铁锂，谁会是未来动力蓄电池的主导？

2016年国家工业和信息化部一则关于"暂停三元锂电池客车列入新能源汽车推广应用推荐车型目录"的决定，引发新能源制造商和动力蓄电池制造企业的震动，更引起了业界对三元材料与磷酸铁锂电池谁会是未来动力蓄电池主导的争论。

三元材料锂电池与磷酸铁锂电池主要区别在于正极材料的不同，从材料特性和充电性能层面看，三元材料能量密度优势明显，目前主流的18650三元材料锂电池能量密度已经达到232W·h/kg，约为磷酸铁锂电池150W·h/kg的1.5倍，意味着同等质量下采用三元材料锂离子蓄电池的电动汽车能拥有更长的续驶里程。同时，充电作为电动汽车在实际使用中的重要环节，三元锂电池在充电效率方面较磷酸铁锂电池有着非常大的优势，特别是快充性能完胜磷酸铁锂电池。但从安全性能层面看，三元材料分解温度远低于磷酸铁锂，三元材料安全性差于磷酸铁锂电池。2020年，比亚迪"刀片电池"（磷酸铁锂电池）问世。"刀片电池"是由长96cm、宽9cm、高1.35cm的单体蓄电池，通过阵列的方式排布在一起，由于其单体蓄电池很像刀片，所以才会被称为"刀片电池"。因为减少了冗余的模组，"刀片电池"实现了更高的体积利用率，大大提升了能量密度，达到了高能量密度三元锂电池的同等水平。"刀片电池"和三元锂电池的针刺对比实验中，三元锂电池在针刺后猛烈燃烧，而"刀片电池"没有冒烟。

电动汽车到底该采用三元材料还是磷酸铁锂电池呢？这个问题目前还未有一个明确的答案。就目前我国主要电动汽车企业的应用情况和电动汽车的使用特点来看，需根据乘用车和客车进行区分，乘用车首要解决的核心问题是续驶里程，包括北汽、江淮和吉利等大部分自主品牌均采用高比能量的三元材料锂电池。客车由于要搭载大量乘客，本身车载电池的数量也更多，所以核心问题是安全，在我国目前电动客车安全性开发和测试表征不够健全的情况下，电动客车采用比能量相对较低，但性能更稳定的磷酸铁锂电池是不错的选择。

任务二　动力蓄电池系统的结构与原理

1. 熟悉锂离子蓄电池单体电芯的结构和原理。
2. 掌握动力蓄电池系统内部的组成部件及部件功能。
3. 本任务可以作为智能新能源汽车职业技能等级证书"新能源汽车动力驱动电机电池技术"模块（初级、中级）学习内容。

动力蓄电池系统的结构与原理

 知识储备

一、动力蓄电池组的结构

动力蓄电池系统由动力蓄电池模块、BMS、动力蓄电池箱和辅助元器件等组成。以北汽 EV160 为例,动力蓄电池系统的组成如图 3-11 所示。

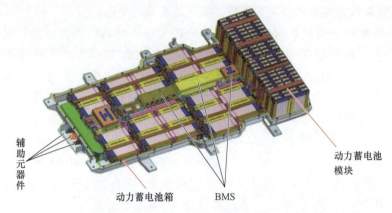

图 3-11 北汽 EV160 动力蓄电池系统的组成

(1) 动力蓄电池模块 动力蓄电池模块是将若干单体电芯通过导电连接件串并联成一个电源,从而能输出高压、大电流的供电源,通过工艺将结构固定在设计位置,协同发挥电能充放电存储的功能,可以说模块的基本作用就是连接、固定和安全防护。图 3-12 所示为北汽 EV160 的动力蓄电池模块,动力蓄电池模块连接方式为 1P100S,意思是由 100 块电池单体串联的,共分为九个模块。

图 3-12 北汽 EV160 的动力蓄电池模块

(2) BMS BMS 是动力蓄电池保护和管理的核心部件。BMS 通过电压、电流及温度检测等实现对动力蓄电池系统的 SOC 估算、过电压过电流保护、充放电控制、动力蓄电池热管理和故障警报等功能,并向整车控制器上报动力蓄电池系统的基本参数及故障信息。BMS 如图 3-13 所示。

BMS 的组成按性质可分为硬件和软件，按功能分为数据采集单元和控制单元。BMS 的硬件包括主板、从板及高压盒，还包括采集电压线、电流和温度等数据的电子器件；BMS 的软件包括监测动力蓄电池的电压、电流、SOC 值、绝缘电阻值、温度值，通过与整车控制器、充电机的通信，来控制动力蓄电池系统的充放电。

图 3-13　BMS

(3) 动力蓄电池箱　动力蓄电池箱是用于支撑、固定和包围动力蓄电池系统的组件，主要包括上下盖和下托盘，还有辅助元器件，如过渡件、护板和螺栓等，动力蓄电池箱有承载及保护动力蓄电池组及电气元件的作用，其材料常为铸铝和玻璃钢。图 3-14 所示为北汽 EV160 动力蓄电池箱体。

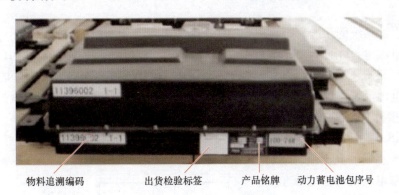

图 3-14　北汽 EV160 动力蓄电池箱体

动力蓄电池箱体用螺栓固定连接在车身地板下方，其防护等级为 IP67，螺栓拧紧力矩为 80~100N·m。整车维护时需观察动力蓄电池箱体螺栓是否松动，动力蓄电池箱体是否有破损严重变形，密封法兰是否完整，确保动力蓄电池可以正常工作。在动力蓄电池箱的外部还包含有产品铭牌、动力蓄电池包序号、出货检验标签、物料追溯编码以及高压警示标示。因为汽车运行环境多变，因此对动力蓄电池箱的散热、防水、绝缘和安全等设计要求很高。

(4) 辅助元器件　辅助元器件主要包括动力蓄电池系统内部的电子元器件（如熔断器、继电器、分流器、接插件、紧急开关和烟雾传感器等）、维修开关以及电子电器元件以外的辅助元器件，如密封条、绝缘材料等。北汽 EV160 动力蓄电池系统辅助元器件如图 3-15 所示。

1) 主继电器。主继电器包含主正继电器和主负继电器。以北汽 EV160 为例，主正继电器由 BMS 控制，主负继电器由整车继电器控制，作用是控制回路的通断。

图 3-15　北汽 EV160 动力蓄电池系统辅助元器件

2）预充继电器。预充继电器由 BMS 控制其闭合或断开，预充继电器的作用是在电驱动上电时，通过接通主负继电器、预充继电器和预充电阻，小电流地向电驱动系统控制器中的电容充电，当电容两端电压接近动力蓄电池总电压时，断开预充继电器，闭合主正继电器，从而保护主正、主负继电器免受损坏。

3）电流传感器。电流传感器用来检测动力蓄电池系统充放电电流的大小，通常为霍尔式电流传感器。

4）熔丝。动力蓄电池系统熔丝串联在动力蓄电池组中间，用来防止能量回收过电压、过电流或放电时过电流，规格依据车型不同有所区分，北汽 EV160 电池系统中熔丝规格为电流 250A、电压 500V。

5）高低压接插件。动力蓄电池通过高压接插件与高压控制盒相连接，通过低压接插件连接 CAN 总线与整车控制器或车载充电机之间进行通信。

二、动力蓄电池系统的工作原理

动力蓄电池系统的功能为接收和存储由车载充电机、制动能量回收装置和外置充电装置提供的高压直流电，并且为驱动电机控制器、DC-DC 转换器、电动空调和 PTC（正温度系数）等高压元件提供高压直流电。图 3-16 所示为北汽 EV160 整车动力系统连接示意图。

动力蓄电池模块放置在一个密封并且屏蔽的动力蓄电池箱里面，动力蓄电池系统使用可靠的高低压接插件与整车进行连接。系统内的 BMS 实时采集各电芯的电压值、各温度传感器的温度值、动力蓄电池系统的总电压值和总电流值、动力蓄电池系统的绝缘电阻值等数据，并根据 BMS 中设定的阈值判定动力蓄电池系统工作是否正常，并对故障实时监控。动力蓄电池系统通过 BMS 使用 CAN 与整车控制器或充电机之间进行通信，对动力蓄电池系统进行充放电等综合管理。

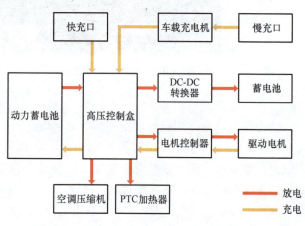

图 3-16 北汽 EV160 整车动力系统连接示意图

预充电是什么意思？为什么要预充电？

在电驱动系统中，人们会时常接触到预充电这个名词。预充电是什么意思呢？有些人从字面意思理解，把预充电看作是在动力蓄电池充电之前对动力蓄电池预先充电，实际这是望文生义。预充电不是对动力蓄电池预先充电，而是对电机控制器或空调压缩机控制器中的电容进行充电。那为什么要预充电呢？在电驱动系统上电时，电机控制器中电容电压为 0V，若直接接通主正、主负继电器，动力蓄电池组高达几百伏的电压将会直接施加在电容两端，负载电阻仅仅是导线及继电器触点阻值，将会造成电容瞬间短路，造成主正、主负继电器因电流过大而发生烧蚀损坏。预充电过程又是怎样进行的呢？预充电回路如图3-17所示。在电驱动系统上电时，先闭合负极继电器，然后闭合预充继电器，通过预充电阻的限流作用来降低通过负极继电器的电流，完成对电容充电，当电容两端电压接近动力蓄电池总电压时，预充过程完成，断开预充继电器，闭合正极继电器。

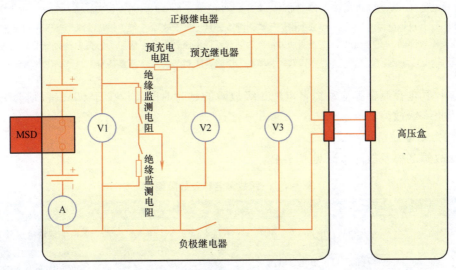

图3-17 预充电回路

任务三　动力蓄电池系统的故障与检修

1. 掌握BMS的常见故障类型。
2. 掌握BMS常见故障的处理方法。
3. 本任务可以作为智能新能源汽车职业技能等级证书"新能源汽车动力驱动电机电池技术"模块（初级、中级）学习内容。

动力蓄电池常见故障与检修

BMS通常对单体电压、总电压、总电流和温度等进行实时监控采样，并将实时参数反馈给整车控制器。BMS除了对电池性能参数进行监控、实施电性能管理外，还具有以热管理为主的应用环境管理，实施对动力蓄电池的加热和冷却，以确保动力蓄电池的良好应用环境温度以及温度场的一致性。若BMS发生故障，就失去了对动力蓄电池的监控，不能估计动力蓄电池的荷电状态，容易造成动力蓄电池过充电、过放电、过载、过热以及不一致性问题的增加，影响动力蓄电池的性能、使用寿命甚至行车安全。

一、动力蓄电池故障分级及对车辆运行的影响

1. 动力蓄电池故障等级

根据动力蓄电池故障对整车的影响划分为三个等级，见表3-3。

表3-3 动力蓄电池故障等级划分

一级故障（非常严重）	二级故障（严重）	三级故障（轻微）
动力蓄电池上报该故障一段时间后会造成整车出现安全事故，如起火、爆炸和触电等，动力蓄电池在正常工作不会上报该故障，BMS一旦上报该故障表明动力蓄电池处于严重的滥用状态	动力蓄电池上报该故障会造成整车进入跛行、暂时停止进行能量回收、停止充电，动力蓄电池正常工作时不会上报该故障，BMS一旦上报该故障表明动力蓄电池某些硬件出现故障或动力处于非正常工作的条件下	动力蓄电池上报该故障对整车无影响或不同程度地造成整车进入限功率行驶状态，动力蓄电池正常工作时可能上报该故障，BMS一旦上报该故障，表明动力蓄电池处于极限环境温度下或单体蓄电池一致性出现一定劣化等

备注：其他控制器响应动力蓄电池二级故障的延时时间建议少于60s，否则会引发动力蓄电池上报一级故障。

2. 动力蓄电池常见故障处理

一级故障名称及故障编码见表3-4。

表3-4 一级故障名称及故障编码

故障等级	故障名称	故障编码	对整车影响
一级故障	单体电压过电压	P0004	行车模式：动力蓄电池放电电流降为0，断高压，无法行车
	动力蓄电池外部短路（放电过电流）	P0006	车载充电：请求停止充电/停止加热，主正、主负继电器断开
	温度过高	P0007	直流快充：发送BMS终止充电、主正、主负继电器断开
	动力蓄电池内部短路	P0014	

二级故障名称及故障编码见表3-5。

表3-5 二级故障名称及故障编码

故障等级	故障名称	故障编码	对整车影响
二级故障	单体电压欠电压	P0269	行车模式：限功率至放电电流25A
	BMS内部通信故障	P0279	行车模式：限功率至放电电流25A，"最大允许充电电流"调整为0
	BMS硬件故障	P0284	充电模式：发送请求停止充电，如果上报故障后2s内未收到响应，BMS主动断开高压继电器或加热继电器
	BMS与车载充电机通信故障	P0283	车载充电模式：请求停止充电，或请求停止加热，如果上报故障后2s内未接收到响应，BMS主动断开高压继电器或加热继电器
	温度过高	P0258	行车模式：限功率至放电电流25A，"最大允许充电电流"调整为0
	绝缘电阻过低	P0276	行车模式：限功率至放电电流25A，"最大允许充电电流"调整为0
			充电模式：发送请求停止充电，如果上报故障后2s内未收到响应，BMS主动断开高压继电器或加热继电器
	加热元件故障	P0281-1	充电模式：请求停止加热，如果上报故障后2s内未接收到响应，BMS主动断开加热继电器

三级故障名称及故障编码见表3-6。

表3-6 三级故障名称及故障编码

故障等级	故 障 名 称	故障编码	对整车影响
三级故障	温度过高故障	P1043	行车模式：放电功率降为当前状态的50%
	绝缘电阻过低	P1047	上报不处理
	电压不均衡	P1046	行车模式：放电功率降为当前状态的40%
	单体电压欠电压	P1040	
	温度不均衡	P1045	上报不处理
	放电过电流	P1042	行车模式：放电功率降为当前状态的50%

备注：相同的故障名称，根据故障程度级别不同，以不同故障码区分。

二、EV160 动力蓄电池系统故障处理

1. 车载仪表盘故障指示灯解读

车载仪表盘故障指示灯解读见表3-7。

表3-7 车载仪表盘故障指示灯解读

图标	颜色	名称	说明
	黄色	动力蓄电池充电提醒（电量不足报警）	起动状态，当电量低于30%，动力蓄电池充电提醒灯点亮。高于35%，动力蓄电池充电提醒灯熄灭
	红色	动力蓄电池故障	起动状态下，动力蓄电池故障
	红色	动力蓄电池切断	起动状态下，动力蓄电池切断
	红色	充电线连接	充电线连接（充电盖开启）
	红色	动力蓄电池绝缘阻值低	起动状态下，动力蓄电池绝缘阻值低

2. 动力蓄电池常见故障介绍

动力蓄电池常见故障描述及常规解决方法见表3-8。

三、BMS 常见故障类型及检修方法

BMS 常见故障类型包括 CAN 总线通信故障、BMS 未正常工作、电压采集异常、温度采集异常、绝缘故障、总电压检测故障、预充电故障、无法充电、电流显示异常故障和高压互锁故障等。

表 3-8 动力蓄电池常见故障描述及常规解决方法

序号	故障描述	常规解决方法
1	SOC 异常：如无显示，数值明显不符合逻辑	1）停车或者关闭点火开关后重新起动 2）检查仪表其他故障警告灯有无点亮，并做好现象记录 3）联系专业售后人员进行复查，维修人员确认无误后正常使用
2	续驶里程低于经验值	联系维护人员，检查充放电过程，容量是否衰减，BMS 控制是否异常
3	动力蓄电池过热报警/保护	1）10s 内减速，停车观察 2）检查报警是否消除，检查是否有其他故障，做好记录 3）若报警或保护消除，可以继续驾驶，否则，联系售后人员 4）运行中若连续三次以上出现停车，减速故障消除时，联系售后人员
4	SOC 过低报警/保护	1）SOC 低于 30% 报警出现时减速行驶，寻找最近的充电站进行充电 2）停车休息 3~5min 后行驶，检查故障是否能自动消除 3）若故障不能自行解除，且仍未行驶到充电站的，联系售后人员解决
5	电压/电流明显异常	1）关闭点火开关，迅速下车并保持适当距离 2）联系专业技术人员处理
6	钥匙打 ON/START 后不工作	1）检查并维护辅助蓄电池 2）若打 ON 后能工作，检查仪表盘上故障显示，并记录 3）若打 START 后仍不能工作，联系专业人员
7	不能充电	1）检查 SOC 当前数值 2）检查充电线缆是否按照正确方法连接 3）若环境温度超出使用范围，终止使用 4）联系维修人员
8	运行时高压短时间丢失	检查系统屏蔽层是否有效，检查继电器是否正常工作，检查主回路是否接触良好
9	动力蓄电池外箱磨损破坏	联系专业人员维护

1. CAN 总线通信故障

CAN 总线或电源线脱落、端子退针都会导致通信故障。在保证 BMS 供电正常的状态下，将万用表调至直流电压档，红表笔触碰内部 CAN-H，黑表笔触碰内部 CAN-L，测量通信电路的输出电压，即通信电路内部 CAN-H 与 CAN-L 之间的电压，正常电压值为 1.5V 左右，若电压值异常，则可判定为 BMS 硬件故障，需更换。

2. BMS 未正常工作

当出现 BMS 未正常工作现象时，可重点考虑以下几个方面：

1）BMS 的供电电压。首先测量整车接插件处，整车给 BMS 的供电电压是否有稳定的输出。

2）CAN 总线或辅助蓄电池线连接不可靠。CAN 总线或电源输出线连接不可靠会导致通信故障。应对主板到从板或高压板的通信线、电源线进行检查，发现脱落断开的线束，应进行更换或重新连接。

3）接插件退针或损坏。低压通信航空插头退针会导致从板无电源或从板数据无法传输到主板，应检查插头和接插件，发现退针或损坏的应进行更换。

4）控制主板。换板进行监控，更换后故障解除则确定为主板有问题。

3. 电压采集异常

当出现电压采集异常现象时，重点考虑下列几种情况：

1）动力蓄电池本身欠电压。将监控电压值与万用表实际测量的电压值对比，确认后更换动力蓄电池。

2）采集线端子紧固螺栓松动或采集线与端子接触不良。螺栓松动或端子接触不良会导致单体电压采集不准，此时轻摇采集端子，确认接触不良后，紧固或更换采集线。

3）采集线熔丝损坏。测量熔丝阻值，若在 1Ω 以上，需进行更换。

4）从板检测问题。确认采集电压与实际电压不一致，其他从板若采集电压与动力蓄电池电压一致，则需要更换从板并收集现场数据，读取历史故障数据，进行分析。

4. 温度采集异常

当出现温度采集异常现象时，重点考虑下列几种情况：

1）温度传感器失效。若单个温度数据缺失时，检查中间对接插头，若无连接异常，可确定为传感器损坏，更换即可。

2）温度传感器线束连接不可靠。检查中间对接插头或者控制口温度传感器线束，发现松动或者脱落，应更换线束。

3）BMS 存在硬件故障。监测发现 BMS 无法采集整体温度，并确认从控制线束到转接插头以及从转接插头到温度传感器的线束导通正常，则可判定为 BMS 硬件问题，更换对应的从板。

4）更换从板后是否重新加载电源。在更换故障从板后要重新加载电源，否则监控值会显示异常。

5. 绝缘故障

BMS 中工作线束的接插件内芯与外壳短接、高压线破损与车体短接会导致绝缘故障，同时电压采集线破损与动力蓄电池箱体短接，也会导致绝缘故障。针对此类情况，按下列方法分别分析诊断维修：

1）高压负载漏电。依次断开 DC-DC 转换器、PCU、充电机和空调等，直到故障解除，然后对故障件进行更换。

2）高压线或插接器破损。使用兆欧表进行测量，检查确认后进行更换。

3）动力蓄电池箱进水或动力蓄电池漏液。对动力蓄电池箱内部进行处理或更换动力蓄电池。

4）电压采集线破损。确定动力蓄电池箱内部漏电后检查采集线，若发现破损进行更换。

5）高压板检测误报。对高压板进行更换，更换后故障解除则确定为高压板检测故障。

6. 总压检测故障

导致总压检测故障的原因可分为：采集线与端子间松动或脱落，导致总压采集故障；螺母松动导致打火和总压采集故障；高压插接器松动导致打火和总压检测故障；维修开关按下导致总压采集故障等。在实际检测过程中，可分别按下列方法进行维修处理：

1）总压采集线两端端子连接不可靠。用万用表测量检测点总压与监控总压对比，然后检查检测电路，发现连接不可靠，进行紧固或更换。

2）高压回路连接异常。用万用表测量检测点总压与监控总压，并进行对比，然后从检测点依次检查维修开关、螺栓、插接器和熔丝等，发现异常，进行更换。

3）高压板检测故障。对比实际总压和监控总压，更换高压板后，若总压恢复正常，则可确定为高压板故障，予以更换。

7. 预充电故障

导致出现预充电故障的原因可分为：外总压采集端子松动脱落导致预充电故障，主板控制线无 12V 电压导致预充电继电器不闭合，预充电电阻损坏导致预充电失败等。结合实车，可按以下几类情况分别进行检查：

1）外部高压部件故障。当 BMS 报预充电故障时，断开总正、总负继电器后，若预充电成功，则故障由外部高压部件引起，分段排查高压接线盒和 PCU。

2）主板问题不能闭合预充电继电器。检测预充电继电器是否有 12V 电压，如果没有则更换主板，若更换后预充电成功，则确定主板故障。

3）主熔丝或预充电阻损坏。测量预充电熔丝导通情况和电阻阻值，若异常则更换。

4）高压板外部总压检测故障。换高压板后预充电成功，则可确定高压板故障，更换即可。

8. 无法充电

无法充电现象大致可总结为下列两种情况：一是接插件两端 CAN 总线端子退针或脱落，导致主板与充电机无法通信，从而导致无法充电；二是充电熔丝损坏也会导致充电回路无法形成，充电无法完成。实际车辆检测中若遇到无法充电的情况，可从以下几个方面入手，进行故障的维修处理：

1）充电机与主板未正常通信。使用仪器读取整车 CAN 总线工作数据，若发现无充电机或者 BMS 工作数据时，立即检查 CAN 总线通信线束，有接插件接触不良或电路中断，立即进行修复。

2）充电机或主板故障不能正常起动。对充电机或主板进行更换，然后重新加载电压，若更换后可以充电，则可确定为充电机或主板故障。

3）BMS 检查到故障，不允许充电。通过监控判断故障类型，然后解决故障直至充电成功。

4）充电熔丝损坏，无法形成充电回路。使用万用表检测充电熔丝导通情况，若无法导通，则立即更换。

9. 电流显示异常故障

BMS 控制线束的端子脱落或螺栓松动、端子或螺栓表面氧化均会导致电流误差。当出现电流显示异常时，应完整详细地检查电流采集线的安装情况。

1）电流采集线未正确连接。此时会导致电流正负颠倒，更换即可。

2）电流采集线连接不可靠。首先确定高压回路有稳定电流，而当监控电流波动较大时，检查分流器两端电流采集线，发现螺栓松动应立即进行紧固。

3）检测端子表面氧化情况。首先确定高压回路有稳定电流，而当监控电流远低于实际电流时，检测端子或螺栓表面是否有氧化层，有则对其表面进行处理。

4）高压板电流检测异常。断开维修开关后，若监控电流值在 0.2A 以上，则高压板电流检测异常，应对高压板进行更换。

10. 高压互锁故障

打至 ON 档时，测量此处是否有高压输入，检查四个端子是否插接牢靠，并测量驱动端是否有 12V 电压（细线为电压驱动线）。按照具体情况，可分为以下三类：

1）DC-DC 转换器故障。测量 DC-DC 转换器高压输入插头，在打开 ON 档时是否有短时高压，有则确定为 DC-DC 转换器故障，予以更换。

2）DC-DC 转换器继电器端子未插接牢靠。检查继电器高压、低压端子，不可靠的重新插接牢靠。

3）主板或转接板故障导致 DC-DC 转换器继电器不闭合。测量 DC-DC 转换器继电器电压驱动端，打至 ON 档短时间无 12V 电压，则更换主板或转接板。

新能源汽车动力蓄电池与大数据

这些年，大数据技术发展得如火如荼，"中国制造 2025""德国工业 4.0"和"美国工业互联网"其核心都是大数据。新能源汽车依托大数据飞速发展，预计 2025 年新能源汽车国家监管平台接入车辆 8000 万辆，2030 年将达到 1.5 亿辆。通过大数据平台，汽车制造企业可以实时检测用户车辆动力蓄电池数据，当动力蓄电池参数发生变化或者发生动力蓄电池故障时，提前提醒车主进行维修，减少动力蓄电池故障的发生。大数据服务于新能源汽车动力蓄电池主要表现在以下几个方面：

1）基于大数据的动力蓄电池容量估计。因为电动汽车实际使用大多数时间都不可能完整地满充满放，难以直接评价动力蓄电池的衰减情况。通过大数据分析发现，可以直观定量地描述动力蓄电池的衰减情况。

2）基于大数据的动力蓄电池温度分析。通过对同一时间的动力蓄电池最高温度和最低温度进行统计分析，可以得出不同地域车辆的动力蓄电池极低温度、电芯极高温度，为热管理系统、电芯寿命选型提供一些重要的依据。

3）基于大数据的一致性分析。随着电动汽车运行里程和时间的增加，由于各单体自放电、容量衰减、内阻增加的差异性，单体一致性会有所变化，最直观最简单的就是反映在压差上。对压差进行了一些分析，如对单体电压差随里程的变化和动态充电末端电压进行分析，可以直接定位到车辆问题，提醒客户维修。

4）故障预警。通过嵌入故障诊断逻辑或进行历史故障数据的学习，实现故障预警功能。通过一些数据也能分析出动力蓄电池运行大数据，就是可以知道现在车有什么问题，需要维修或者其他情况的。

项目四 04 高压线束与高压部件的认知与检修

任务一 高压线束的认知

学习目标

1. 熟悉高压线束的分布。
2. 了解各段高压线的特点以及针脚定义。

知识储备

高压线束的认知

一、高压线束的分布

当掀开纯电动汽车机舱盖时，会看到前机舱内有各种各样的线束，有橙色的、黑色的、粗的、细的。大家知道哪些是危险性的高压线束吗？哪些是安全的低压线束吗？本任务主要目的是熟悉纯电动汽车主要有哪些高压线束及这些高压线束是如何分布的。了解各段高压线束的针脚含义以及特点，提高纯电动汽车的高压安全意识。

结合图4-1（北汽EV160高压部件系统在前机舱的布置图）和图4-2（高压电路连接原理图）一起来认识各段高压线束的分布。

图4-1 北汽EV160高压部件系统在前机舱的布置图

高压线束与高压部件的认知与检修 项目四

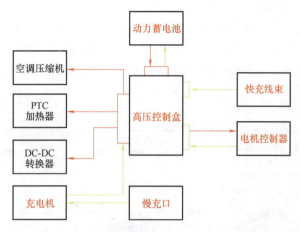

图 4-2 高压电路连接原理图

整车共有五段高压线束，分别如下：

1）动力蓄电池高压电缆。连接动力蓄电池到高压控制盒之间的线缆。
2）电机控制器电缆。连接高压控制盒到电机控制器之间的线缆。
3）快充线束。连接快充口到高压控制盒之间的线束。
4）慢充线束。连接慢充口到车载充电机之间的线束。
5）高压附件线束（高压线束总成）。连接高压控制盒到 DC-DC 转换器、车载充电机、空调压缩机、空调 PTC 加热器之间的线束。

这五段高压线束颜色均为橙色，代表警告，注意安全的意思。

二、各高压线束的介绍

1. 动力蓄电池高压电缆

动力蓄电池高压电缆是连接动力蓄电池到高压控制盒之间的线缆，该电缆一端接动力蓄电池，另一端接高压控制盒。充电时，电流由高压控制盒传至动力蓄电池；上电时，电流由动力蓄电池输出至高压控制盒。如图 4-3 所示，高压控制盒端的接插件有 A、B、C、D 共四个脚位，分别为电源负极、电源正极、互锁线短接。动力蓄电池端有三个脚位，分别为电源正极、电源负极和互锁端子。

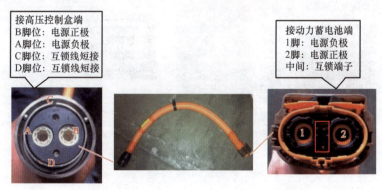

图 4-3 动力蓄电池高压电缆

41

2. 电机控制器电缆

电机控制器电缆是连接高压控制盒到电机控制器之间的线缆。如图4-4所示，该高压线束类似于Y字形线束。电机控制器电缆接高压控制盒端有A、B、C、D共四个脚位，分别是电源负极、电源正极、互锁线短接。另一端为两个单芯插件，这两个单芯插件分别接电机控制器的正极和负极。

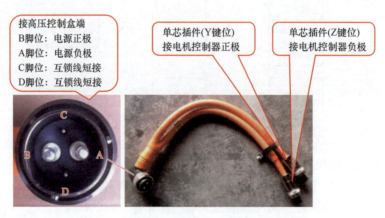

图4-4　电机控制器电缆

3. 快充线束

快充线束是连接快充口到高压控制盒之间的线束。北汽EV160的快充接口在车头车标位置，如图4-5所示，快充线束一端接快充接口（图中的黑色大接插件），另一端接高压控制盒。快充线束中部还引出两根支线电缆，一根是整车低压线束，另一根是车身搭铁线。在电动汽车上面，都是由低压来控制高压的。该处的低压线束上有1、2、3、4、5共五个针脚，分别为低压负极、低压正极、充电插接器确认、充电通信CAN-H、充电通信CAN-L。

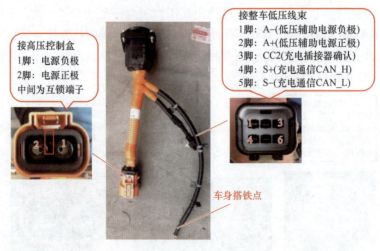

图4-5　快充线束

4. 慢充线束

慢充线束是连接慢充口到车载充电机之间的线束。以北汽 EV160 为例，慢充接口在车身侧面的加油口位置，如图 4-6 所示，慢充线束一端接慢充接口，另一端接车载充电机。接车载充电机插头有六个针脚。1 脚是交流电源的 L 火线，2 脚是交流电源的 N 零线，3 脚是 PE 车身搭铁线，4 脚是空引脚，5 脚是 CC 充电连接确认线，6 脚是 CP 控制确认线。慢充口端插头有七个针脚，如图 4-7 所示。CP 脚为控制确认线，CC 脚为充电连接确认线，N 脚和 L 脚为交流电源线，PE 为车身搭铁线，NC1 脚和 NC2 脚为备用线。

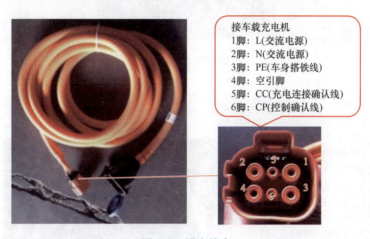

图 4-6 慢充线束

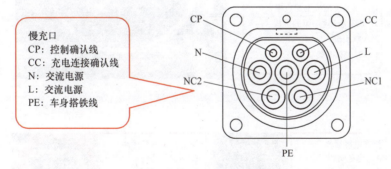

图 4-7 慢充口接线定义

5. 高压附件线束（高压线束总成）

高压附件线束是连接高压控制盒到 DC-DC 转换器、车载充电机、空调压缩机、空调 PTC 加热器之间的线束。以北汽 EV160 为例，如图 4-8 所示，该线束为典型的一对多线束。高压附件线束一端接高压控制盒，将高压控制盒中的电流分流到其余各个部件。另一端分为 4 个插件，分别接空调压缩机、DC-DC 转换器、空调 PTC 加热器、车载充电机。接高压控制盒端插件共有 11 个脚位，如图 4-9 所示，其中 A 脚为 DC-DC 转换器的电源正极，B 脚为 PTC 加热器电源正极，C 脚为空调压缩机电源正极，D 脚为 PTC 加热器 A 组的负极，E 脚为充电机电源正极，F 脚为充电机电源负极，G 脚为 DC-DC 转换器的电源负极，H 脚为空调

43

压缩机电源负极，J 脚为 PTC 加热器 B 组的负极，L 脚为互锁信号线，K 脚为空引脚。高压附件线束接口定义如图 4-10 所示。

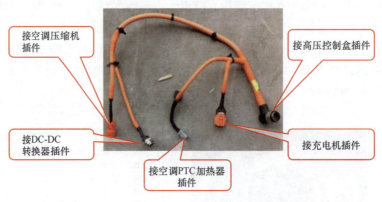

图 4-8　高压附件线束

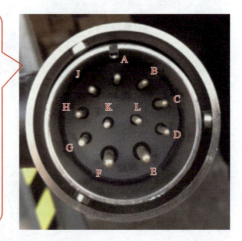

接高压控制盒插件
A：DC-DC 转换器的电源正极
B：PTC 加热器电源正极
C：空调压缩机电源正极
D：PTC 加热器 A 组的负极
E：充电机电源正极
F：充电机电源负极
G：DC-DC 转换器的电源负极
H：空调压缩机电源负极
J：PTC 加热器 B 组的负极
K：空引脚
L：互锁信号线

图 4-9　高压附件线束高压控制盒端插件脚位

接充电机插件
A：电源负极
B：电源正极
中间互锁端子

接空调压缩机插件
1：电源正极
2：电源负极
中间互锁端子

接 DC-DC 转换器插件
A：电源负极
B：电源正极
1：互锁信号输入
2：互锁信号输出

接空调 PTC 加热器插件
1：PTC 加热器 A 组的负极
2：PTC 加热器 B 组的负极
3：电源正极
4：互锁信号线

图 4-10　高压附件线束接口定义

知识拓展

一、高压线束的设计要求

现在市面上在售电动汽车的工作电压范围区间从几十伏到六百多伏都有。和常规汽车电缆的基本差异就是高压线束一般按额定电压 600V 设计，如果在公共汽车或者商用车上，高压线束设计的额定工作电压可能高达 1000V。按照系统功率需求，连接电机、动力蓄电池和逆变器等之间高压线束传输的电流会达到 200A 以上。高压线束在传输电流过程以及各部件在工作过程都会有功率损耗，产生热量。发动机舱内的高压线束耐高温一般要高于 125℃ 以上。此外，高压线束在传输电流和电压时，还需要有抗电磁干扰能力。

二、高压线束的结构

高压线束从类型上分为单芯线束和多芯线束。高压线束的截面一般为圆形，外面护套的颜色一般为橙色。多芯线束由多个单芯线组成。

高压单芯线束主要由导体和护套组成，主要结构尺寸参数有单根铜线的直径、根数、导体直径、绝缘直径、内护层直径和护套直径等。

带屏蔽层的高压线束采用裸铜或镀铜线编织在内护套层上，如图 4-11 所示。在屏蔽层和外护套之间可以有一层附加的包带，线束的外护套应紧密挤包，但不粘连屏蔽层。

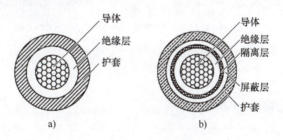

图 4-11　电芯结构示意图
a) 非屏蔽型单芯电缆　b) 屏蔽型单芯电缆

任务二　高压控制盒的认知与拆卸

 学习目标

1. 了解高压控制盒的安装位置。
2. 掌握高压控制盒的功用。
3. 了解高压控制盒的内部结构。
4. 掌握高压控制盒的拆装方法。

高压控制盒的认知与拆卸

一、高压控制盒的位置和功用

1. 高压控制盒的位置

电动汽车中有许多的高压部件，如空调 PTC 加热器、空调压缩机、电机控制器、车载充电机和 DC-DC 转换器等，动力蓄电池是如何跟这些高压部件相连的呢？这便是这个任务的主角——高压控制盒。图 4-12 所示为北汽 EV160 高压控制盒的外观。

以北汽 EV160 为例，高压控制盒安装在前机舱中。站在前机舱的前面，从左到右四大部件依次为电机控制器、高压控制盒、DC-DC 转换器、车载充电机。高压控制盒在电机控制器和 DC-DC 转换器之间，如图 4-11 所示。

2. 高压控制盒的功用

图 4-2 所示为电动汽车高压电路连接原理图。图中的高压控制盒很像是铁路网当中的枢纽站。图中黄色连接线表示电动汽车充电电流路径，红色连接线表示电动汽车放电电流路径。

高压控制盒的主要功用就是：完成动力蓄电池电源的输出及分配，实现对支路用电器的保护及切断。动力蓄电池将直流高压输出至高压控制盒，高压控制盒将直流高压分配给空调压缩机、PTC 加热器、DC-DC 转换器和电机控制器等。

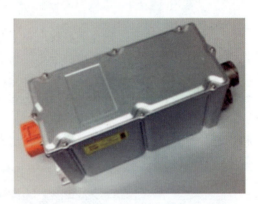

图 4-12　北汽 EV160 高压控制盒的外观

二、高压控制盒的内部结构

1. 高压控制盒的结构

以北汽 EV160 纯电动汽车为例介绍高压控制盒的内部结构。由图 4-2 可知，当动力蓄电池放电时，电流从动力蓄电池流至高压控制盒，高压控制分流至四个部件，空调压缩机、PTC 加热器、DC-DC 转换器、电机控制器。当动力蓄电池进行快充时，直流高压经快充线束进入高压控制盒，最后进入动力蓄电池。高压控制盒内部组成部件为 PTC 控制板，保护四个分流高压部件的熔断器，保护高压控制盒的快充继电器等。

图 4-13～图 4-15 所示为北汽 EV160 纯电动汽车高压控制盒的内部结构。打开高压控制盒箱体盖板，内部主要有 PTC 控制板、四个熔断器（PTC 熔断器、空调压缩机熔断器、DC-DC 转换器熔断器、车载充电机熔断器）、快充继电器及五个接插件接口（快充插件、高压附件插件、低压控制插件、动力蓄电池插件、电机控制器插件）。

2. 高压控制盒的端口定义

图 4-16 所示为北汽 EV160 纯电动汽车高压控制盒五个接插件接口。高压控制盒一侧为快充插件、低压控制插件，另一侧为高压附件插件、动力蓄电池插件、电机控制器插件。

图 4-13 高压控制盒分解图

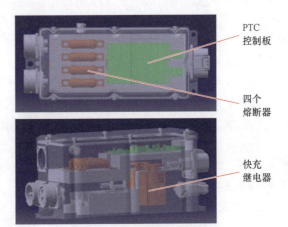

图 4-14 高压控制盒内部结构图

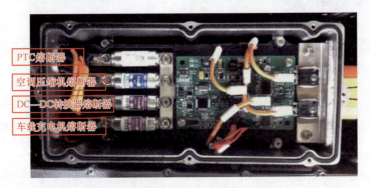

图 4-15 高压控制盒内部结构实物图

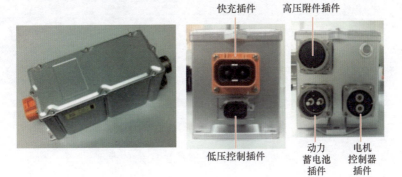

图 4-16 北汽 EV160 纯电动汽车高压控制盒五个接插件接口

熔 断 器

如图 4-17 所示，熔断器是最简单的保护电器，它用来保护电气设备免受过载和短路电流的损害；按安装条件及用途选择不同类型的高压熔断器，如屋外跌落式、屋内式，对于一些专用设备的高压熔断器应选专用系列，常说的熔丝就是熔断器类。

ISO—8820 和 QC/T 420—2004 等标准中将熔断器定义为：接于电路中，当电流超过规定值和规定的时间时，使电路断开的熔断式保护器件。熔断器是一个热能响应器件，熔断器中的熔片或熔丝是用电阻率较高的易熔合金制成，或用截面面积较小的良导体制成。为了保护线束及其他设备，它被有意设计和制造成电路中最弱的一部分，电路在正常工作情况下，熔断器中的熔片或熔丝不会熔断；当系统中一旦发生短路或者严重过载时，熔片或熔丝会立即熔断，从而保护电路和电气设备。图 4-18～图 4-20 所示为不同的熔断器类型。

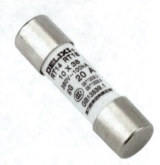

图 4-17 熔断器

图 4-18 封闭式熔断器

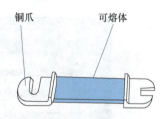

图 4-19 开放式熔断器

封闭式熔断器分为有填料熔断器和无填料熔断器两种。有填料熔断器一般用方形瓷管，内装石英砂及熔体，分断能力强，用于电压等级 500V 以下、电流等级 1kA 以下的电路中。无填料密闭式熔断器将熔体装入密闭式圆筒中，分断能力稍小，用于电压等级 500V 以下、电流等级 600A 以下的电力网或配电设备中。

开放式（敞开式）熔断器结构简单，熔体完全暴露于空气中，由瓷柱作为支撑，没有支座，适于低压户外使用。分断电流时在大气中产生较大的声光。

图 4-20 玻璃管熔断器

项目四　高压线束与高压部件的认知与检修

任务三　DC-DC 转换器的认知与拆卸

学习目标

1. 了解 DC-DC 转换器的安装位置。
2. 掌握 DC-DC 转换器的功用。
3. 了解 DC-DC 转换器接口的定义。
4. 熟悉 DC-DC 转换器的工作条件及判断。
5. 学会正确拆装 DC-DC 转换器。

DC-DC 转换器的
认知与拆卸

一、DC-DC 转换器的位置和功用

在传统汽车中，发动机带动发电机发电，发出来的 12V 电给汽车电器供电，并给 12V 的铅酸蓄电池充电。在纯电动汽车中，汽车电器的用电来源于哪里呢？在纯电动汽车中，又是哪个部件来给 12V 蓄电池充电呢？答案是 DC-DC 转换器。

以北汽 EV160 为例，DC-DC 转换器安装在前机舱中，如图 4-21 所示。DC-DC 转换器夹在高压控制盒和车载充电机之间，如图 4-1 所示。

图 4-21　DC-DC 转换器

电动汽车高压电路连接原理，如图 4-2 所示。动力蓄电池将直流高压输出至高压控制盒，高压控制盒将直流高压分配给空调压缩机、PTC 加热器、DC-DC 转换器和电机控制器。也就是说，DC-DC 转换器输入端接收到的是动力蓄电池的直流高压。因此，也就容易明白，DC-DC 转换器的主要功用是将动力蓄电池的高压直流电转换为整车低压 12V 直流电，给整车低压用电系统供电，并给 12V 蓄电池充电。DC-DC 转换器主要具有转换效率高、体积小和耐受恶劣工作环境等特点。

49

二、DC-DC 转换器接口的定义

DC-DC 转换器有四个接口，如图 4-22 所示。当 DC-DC 转换器安装在车上时，从下到上（图 4-22 中为从左至右），四个接口依次为高压输入端、低压控制端、低压输出正极、低压输出负极。高压输入端的 A 脚为电源负极，B 脚为电源正极，中间为高压互锁短接端子。

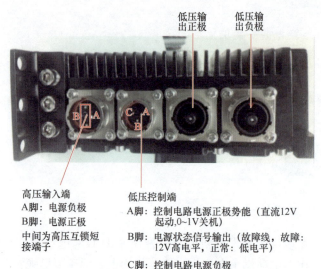

图 4-22　DC-DC 转换器接口定义

第二个接口为低压控制端，A 脚为控制电路电源正极势能（直流 12V 为起动，0~1V 为关机）；B 脚为电源状态信号输出，B 脚连接的是故障线，当出现故障时，使用万用表可以测得 12V 的高电平，正常时为低电平。C 脚为控制电路电源负极。第三个接口是低压输出正极，第四个接口为低压输出负极，与车身搭铁相连。

三、DC-DC 转换器的工作条件及判断

DC-DC 转换器的工作条件有以下两个：

1）高压输入范围为直流 290~420V，对应的是 DC-DC 转换器的橙色接口。

2）低压输出范围为直流 9~14V，对应的是图 4-22 中 DC-DC 转换器最右边的两个接口。那如何来判断 DC-DC 转换器是否正常工作呢？

第一步：在保证整车线束正常连接的情况下，上电前使用万用表测量铅酸蓄电池的端电压，并记录。

第二步：整车上 ON 电，再次使用万用表测量蓄电池的端电压，查看变化情况。如果数值在 13.8~14V 范围内，判断为 DC-DC 转换器工作，否则有故障。

DC-DC 转换器的应用类型

DC-DC 转换器的输入电压是经过滤波之后的直流电压，该输入电压值可以是固定值；

DC-DC 转换器的输出电压是可变的直流电压。针对不同的应用场景，可以设计成多种不同的输出电压或连续变化的输出电压。目前，DC-DC 转换器的效率可以达到 90% 以上，效率较高。

(1) 高压升压器　高压升压器是一种选择性架构。为了提高新能源汽车动力系统的效率，某些整车企业会选择用一个 Boost 的升压器来提高逆变器输入的总线电压。高压升压器就集成在逆变器里面，作为动力总成的一部分。高压升压器是通过系统设计优化出来的一个附带产物，并不是每个整车企业都必须选择。随着动力蓄电池包总电压越来越高，高压升压器逐渐被淘汰。

(2) 高低压转换器（辅助功率模块）　高低压转换器的主要作用是取代传统汽车中的 12V 发电机。混合动力电动汽车强混以上的系统中，发动机输出的部分动力驱动高压继电器对高压电池系统进行充电。DC-DC 转换器输出 12V 电压，供给汽车电器的 12V 用电负荷。几乎所有的新能源汽车都会应用高低压转换器，功率范围为 1~2.2kW，这也是未来 48V 系统的其中一个核心元件。

(3) 12V 电压稳定器　12V 电压稳定器主要是用在部分 Start-Stop 系统。举个例子，在传统汽车里播放收音机或音乐播放器，当起动汽车发动机的几秒钟内，收音机或音乐播放器会关闭，当汽车发动机正常运转后，收音机或音乐播放器重新工作。这主要是起动发动机时需要的工作电流较大，引起 12V 电压的剧烈波动。在起动过程中，可以采用某种架构（如 12V 电压稳定器）用来防止电压波动对一些敏感器件产生影响。敏感负载主要包括用户可见的用电负载，如内饰灯和收音机等。电压稳定器的功率等级随着敏感用电器的负荷而定，一般为 200~400W。总体而言，此类器件功率等级较小，成本要求较为苛刻，欧洲的零部件厂家切入较早，这类器件的技术已经非常成熟。

任务四　车载充电机的认知与拆卸

1. 了解车载充电机的安装位置。
2. 掌握车载充电机的功用。
3. 了解车载充电机端口的定义。
4. 学会正确拆装车载充电机。

车载充电机的
认知与拆卸

一、车载充电机的位置和功用

日常生活中电动自行车较为普遍，当电动自行车电量不足时，电动自行车的充电器和家用电连接，家用电通过充电器给电动自行车充电。那电动汽车是否也有充电机呢？答案是肯定的。

以北汽 EV160 为例，车载充电机安装在前机舱中，如图 4-23 所示。车载充电机在 DC-DC 转换器的右手边，如图 4-1 所示。

图 4-23　北汽 EV160 车载充电机

电动汽车高压电路连接原理，如图 4-2 所示。电动汽车有快充和慢充两种方式，快充和慢充是相对概念。一般快充为大功率直流充电，0.5h 可以充满电池 80% 容量；慢充指交流充电，充电过程需 6～8h。以图 4-2 为例，快充线束通过高压控制盒直接给动力蓄电池充电。家用电通过慢充口，输送至车载充电机，再送到高压控制盒，最后给动力蓄电池充电。家用电是 220V 的交流电，动力蓄电池是 320V 的直流电，车载充电机的功用就是将 220V 交流电转换为动力蓄电池的直流电，实现动力蓄电池电量的补给。

车载充电机相对于传统工业电源，具有效率高、体积小和耐受恶劣工作环境等特点。车载充电机在工作过程中需要协调充电桩和 BMS 等部件。

二、车载充电机的端口定义

车载充电机主要由风冷式上盖、散热风扇组、车载充电机电路板、车载充电机棉垫、车载充电机下盖和车载充电机箱体等部件组成，如图 4-24 所示。

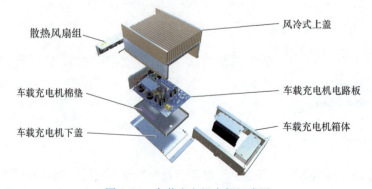

图 4-24　车载充电机内部组成图

高压线束与高压部件的认知与检修　项目四

车载充电机的后端有三个接插件，如图 4-23 所示，分别为 T16b 接插件（低压控制端，连接至整车控制器车辆控制单元）、HT4a 接插件（直流输出端，连接至高压控制盒）和 HT6a 接插件（交流输入端，连接至慢充接口）。

如图 4-25 所示，车载充电机三个接插件的针脚定义如下：

  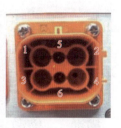

图 4-25　车载充电机三个接插件的针脚定义

1）低压控制端：
1 脚：新能源 CAN_L；
2 脚：新能源 CAN_GND；
5 脚：互锁输出（到高压控制盒低压插件）；
8 脚：GND；
9 脚：新能源 CAN_H；
11 脚：CC 信号输出；
13 脚：互锁输入（到空调压缩机低压插件）；
15 脚：12V + OUT；
16 脚：12V + IN。
2）直流输出端：
A 脚：电源负极；
B 脚：电源正极。
3）交流输入端：
1 脚：L（交流电源）；
2 脚：N（交流电源）；
3 脚：PE（车身搭铁线）；
4 脚：空引脚；
5 脚：CC（充电连接确认线）；
6 脚：CP（控制确认线）。

车载充电机
工作原理

 知识拓展

无线充电技术

由于电动汽车二次电池的能量密度远不及汽油，必须经常进行充电作业，且每次充满电都需要数小时，充电效率相对比较低下。电动汽车的充电方式主要分为接触式充电和非接触式的无线充电两大类。目前，市面上电动汽车充电方式都属于接触式充电。无线充电技术尚处于起步阶段。

无线充电技术主要省略烦琐的充电作业，在汽车行驶中自动进行充电，实现智能化和人性化，解决了接触式充电在安全和维护方面的问题。

电动汽车中非接触式无线充电技术又分为电磁感应式、微波式和电磁共振式。

目前，常用的三种无线充电技术中，电磁感应式和电磁共振式在中等距离的传输效率较高，也就更适合于电动汽车充电，其基本原理如图4-26所示。

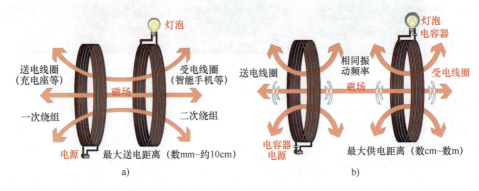

图4-26 电磁感应方式充电和电磁共振方式充电
a) 电磁感应方式 b) 电磁共振方式

磁感应原理：在变压器有两个绕组，一个是一次绕组，另一个是二次绕组。一次绕组通过交流电时，绕组周围产生空间的交变磁场，该磁场大部分被磁性材料束缚并经过二次绕组。二次绕组所围绕空间由于有交变磁场的存在而感应出交变的电流。

磁共振方式的原理与声音的共振原理相同。排列好振动频率相同的音叉，如果一个发声，其他的也会共振发声。同样，排列在磁场中相同振动频率的线圈也可从一个向另一个供电。

任务五　高压互锁电路的认知与故障排查

 学习目标

1. 掌握高压互锁电路的设计目的。
2. 了解高压互锁电路的原理。
3. 了解高压互锁电路的基本故障排除。

 知识储备

高压互锁电路的认知与故障排除

一、高压互锁电路的设计目的

众所周知，纯电动汽车的动力蓄电池电压一般会高达300~400V，充放电电流也会高达几十安培甚至几百安培。汽车工程师在设计纯电动汽车时，若纯电动汽车发生碰撞，又是如何来保证高压电安全的呢？

另外，当专业技术人员或者汽车检测人员在拆卸纯电动汽车的高压部件时（北汽EV160部分高压部件如图4-27所示），除了戴上安全防护装备外，电动汽车本身有设计高压电危险防护装置吗？

答案便是新能源汽车上的高压互锁电路。此任务主要聚焦于高压互锁电路设计的目的和原理。高压互锁电路英文名为 High Voltage Interlock Loop，指的是通过使用低压信号，来检查整个高压产品、导线、插接器及护盖的电气完整性（连续性），识别回路异常断开时，及时断开高压电。

电动汽车上设计高压互锁回路主要有以下三个目的：

1）整车在高压上电前确保整个高压系统的完整性，使高压处于一个封闭的环境下工作，提高安全性。

2）当整车在运行过程中高压系统回路断开或者完整性受到破坏时，需要起动安全防护。

3）防止带电插拔高压插接器给高压端子造成的拉弧损坏。

高压互锁
断电保护

图4-27　北汽EV160部分高压部件

二、高压互锁的电路原理

前面已经学习过高压部件的连接原理图，动力蓄电池、高压控制盒、电机控制器、DC-DC转换器、车载充电机和空调压缩机等高压部件都是通过高压线束进行连接的。电动汽车高压源头是动力蓄电池，高压互锁最主要的目的就是，当高压系统回路出现断路等异常时，断开动力蓄电池和其他高压部件的连接。

结合图4-28和图4-29高压互锁安全回路的连接（一）、（二），一起来学习高压互锁回路原理。首先，要明白高压互锁回路走的是低压控制信号。一个插件对应具体的部件，如低压控制端部件对应的是整车控制器，如电机控制器插件对应的是电机控制器。从图4-28左下方开始看，整车控制器通过低压控制端插件12号脚位输出一个低压信号，送进快充插件的4号脚位，从1号脚位出来，再到动力蓄电池插件D号脚位，从C号脚位出来，送至电机控制器D号脚位，从C号脚位出来，送至高压附件线束插件L号脚位，高压附件线束对应的黑色高压控制盒（图4-29），信号从高压控制盒插件送至DC-DC转换器插件的2号脚位，从1号脚位出来，送至车载充电机上脚位，从下脚位出来，再送至空调压缩机下脚位，从上脚位出来，再送至PTC3号脚位，从4号脚位出来，最后接车身搭铁。

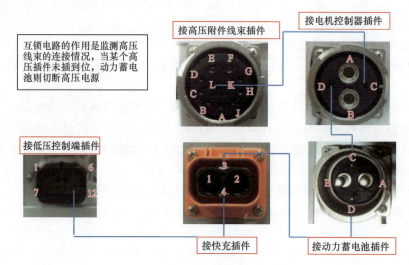

图 4-28　高压互锁安全回路连接（一）

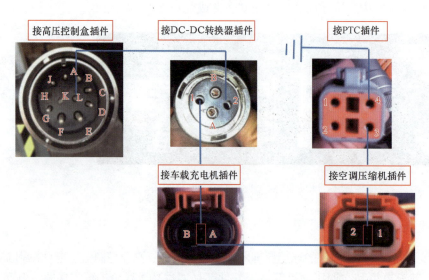

图 4-29　高压互锁安全回路连接（二）

结合图 4-30 高压互锁断电保护回路，当高压系统电路连接良好时，整车控制器的互锁信号端输出低电平的信号，整车控制器判定高压系统电路连接正常，动力蓄电池包正极、负极接触器闭合，动力蓄电池包正常工作。

结合图 4-31 高压互锁断电保护回路，当高压系统电路连接异常时，如某个高压部件接插件松开或断开，整车控制器的互锁信号端输出高电平的信号，整车控制器判定高压系统电路连接异常，BMS 立即切断动力蓄电池包的电流输出。

总而言之，高压互锁电路从整车控制器输出信号，将所有高压部件串联一起，只要有一个高压部件的插件松开，或者断开，从整车控制器输出的信号将不能形成完整的回路，整车控制器就会起动安全防护，断开动力蓄电池的高压电，从而保证高压电安全，避免造成事故或人员伤害。

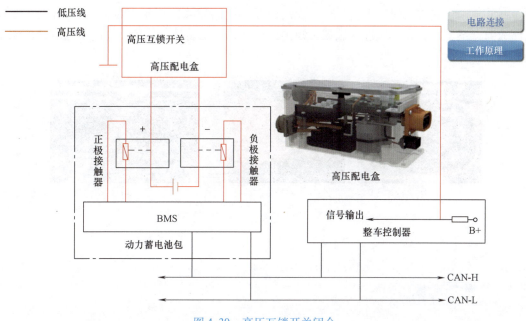

图 4-30　高压互锁开关闭合

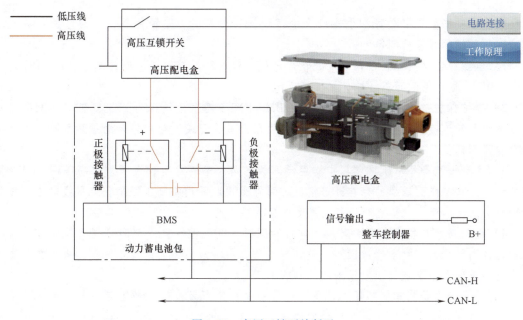

图 4-31　高压互锁开关断开

三、高压互锁电路基本的故障排除

当整车发生高压互锁故障时，表现的现象有整车报高压故障。故障原因一般为某个高压插件未插到位造成高压互锁回路断路。

常见的高压互锁问题主要有空调 PTC 加热器、DC-DC 转换器、高压控制盒、车载充电机和空调压缩机高低压插件未插到位或断开。

此外，端子缺失或退针也会导致出现高压互锁电路故障，图4-32列举了部分高压互锁电路故障点案例，如高压插件互锁端子缺失或退针，高压插件未插到位，高压盒盖开关端子损坏等。

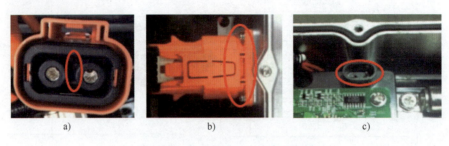

图4-32　高压互锁电路故障点案例

a）高压插件互锁端子缺失或退针　b）高压插件未插到位　c）高压盒盖开关端子损坏

新能源汽车整车安全防护

新能源汽车整车安全防护主要包含电源极性反接保护、碰撞保护、主动泄放、被动泄放、高压互锁和开盖检测等。

1）电源极性反接保护是指当电源供电电压极性意外反接时，电机控制器、DC-DC转换器和BMC等均可保护而不被烧坏。

2）碰撞保护是指当车辆发生碰撞时，BMS检测到碰撞信号大于一定阈值，会立即切断高压系统电气连接，同时激活电机控制器的主动泄放，可使发生碰撞时的短路危险、人员电击危险降到最低。

3）主动泄放是指电机控制器中有主动泄放电路，车辆发生较大碰撞或高压回路中接插件处于扒开状态或高压器件存在开盖情况，可在很短时间内将高压回路直流母线电压泄放到60V以下，迅速释放危险电能，最大限度保证人员安全。

4）被动泄放是指在含有主动泄放电路的同时，电机控制器、空调控制器等内部含有高压的器件同时设计有被动泄放回路，被动泄放作为主动泄放失效的二重保护，也可在较短时间内将高压回路中直流母线电压泄放到60V以下。

5）开盖检测是指车辆高压部件具有开盖检测功能，当在整车高压回路连通的情况下打开时，会立即报警，同时断开高压主回路电气连接，激活主动泄放。

项目五 05 充电系统的认知与检修

任务一 充电系统的认知

学习目标

1. 了解充电系统的类型。
2. 掌握慢充充电系统和快充充电系统的结构。
3. 拓展车载充电机与充电桩之间的通信方式。

充电系统的认知

知识储备

充电系统从外部提供电能给电动汽车动力蓄电池系统，保障车辆持续行驶。电动汽车充电系统根据充电时间长短可分为常规充电（慢充）和快速充电（快充），根据充电电流形式可分为交流充电和直流充电，根据充电连接形式可分为传导式充电、无线充电和动力蓄电池快换等。

一、常规充电系统的结构

常规充电系统俗称为慢充，使用民用单相交流电（电压220V、频率50Hz），通过车载充电机整流变换，将交流电变换成直流电后经过高压控制盒给动力蓄电池供电。以北汽EV160为例，常规充电系统的结构如图5-1所示。

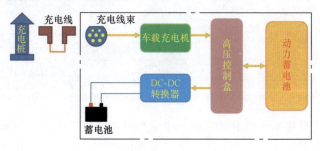

图5-1 常规充电系统的结构

常规充电系统主要部件有供电设备、慢充接口、车内高压线束、高压配电盒、车载充电机、动力蓄电池和整车控制器等。

1. 供电设备

常规充电系统的供电设备主要有充电桩&充电线、家用慢速充电线等。

（1）充电桩&充电线　常规充电系统所采用的充电桩为交流充电桩，如图5-2所示，输入和输出电流均是220V交流电。交流充电桩安装在电动汽车外，与交流电网连接，为电动汽车车载充电机提供交流电源。交流充电桩只提供电力输出，没有充电功能，需连接车载充电机为电动汽车充电。

（2）家用慢速充电线　家用慢速充电线两端分别为三相插头端和充电接口端，如图5-3所示。使用时三相端接家用三相插座，充电接口端接车辆慢充接口。注意：家用电源座负荷必须达到16A并带有搭铁功能。

图5-2　交流充电桩

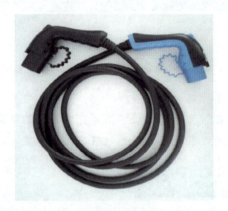

图5-3　家用慢速充电线

2. 慢充接口

慢充接口通常采用标准的七孔充电接口，参见图4-7，其端子电气参数值及功能定义见表5-1。

表5-1　交流充电接口端子电气参数值及功能定义

端子标号及标示	额定电压和额定电流	功能定义
1-(L)	250V 16A/32A	交流电源
2-(NC1)	—	备用端子
3-(NC2)	—	
4-(N)	250V 16A/32A	中线
5-(PE)	—	保护搭铁，连接供电设备搭铁线和车辆底盘线
6-(CC)	36V 2A	充电连接确认
7-(CP)	36V 2A	控制确认

同时配备快充和慢充接口的电动车辆，快充与慢充接口不在同一位置，可以从充电接口的大小与孔数判断快充与慢充，快充接口一般都比慢充接口大一圈，孔数更多一些，快充接口为九孔，慢充接口为七孔，如图5-4所示。

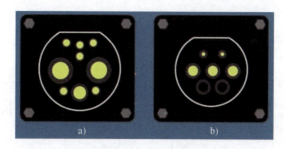

图 5-4 慢充接口和快充接口对比
a) 直流快充 b) 交流慢充

慢充所需要的电流与电压较小，民用电路可以承受，安装方便。但电动汽车慢充时间通常为 5~8h，将动力蓄电池充满需要一个晚上的时间。

3. 车载充电机

慢充过程需要经过车载充电机将充电桩提供的 220V 交流电转换成动力蓄电池所需的 290~420V 高压直流电再充入动力蓄电池，同时车载充电机提供相应的保护功能，包括过电压、欠电压、过电流和欠电流等多种保护措施，当充电系统出现异常会及时切断供电。

（1）内部结构 车载充电机内部可分为主电路、控制电路、线束及标准件三部分。车载充电机内部结构如图 5-5 所示。

图 5-5 车载充电机内部结构

1）主电路。如图 5-6 所示，前端将交流电转换为恒定电压的直流电，主要是全桥电路和功率因数校正（PFC）电路，后端为 DC-DC 转换器，将前端转换出的直流高压电变换为合适的电压及电流供给动力蓄电池。

2）控制电路。控制电路具有控制 MOS 管的开关，与 BMS 之间通信，监测车载充电机状态，与充电桩握手等功能。

3）线束及标准件。用于主电路及控制电路的连接，固定元器件及电路板。

（2）特点

1）根据动力蓄电池特性设计充电的曲线，可以延长动力蓄电池的寿命。

2）使用方便，维护简单，单独对 BMS 进行供电，由 BMS 控制智能充电，无须人工职守。

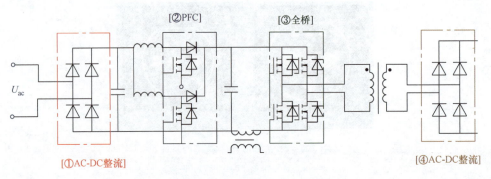

图 5-6 车载充电机主电路

3）保护功能齐全，适用范围广，具有过电压、欠电压、过电流、过热、输出短路、反接等保护功能。

4）整机温度保护为 75℃，当机内温度高于 75℃ 时，车载充电机输出电流变小，高于 85℃ 时，车载充电机停止输出。

(3) 充电机指示灯　车载充电机上共有三个指示灯，分别为交流、工作和警告，如图 5-7 所示。在对车辆进行充电时，应查看充电机指示灯是否正常。

图 5-7 充电机指示灯

1）交流——电源指示灯，当接通交流电后，电源指示灯亮起。
2）工作——当车载充电机接通动力蓄电池进入充电状态后，充电指示灯亮起。
3）警告——报警指示灯，当充电机内部有故障或者错误的操作时亮起。

充电指示灯故障信息含义见表 5-2。

表 5-2 充电指示灯故障信息含义

故障描述	解决方法
不充电，电源交流灯不亮	检查高压充电母线是否与车载充电机直流输出连接完好，确认动力蓄电池的接触器已经闭合
不充电，警告灯闪	确认输入电压在 AC 170～263V 范围内，输入电缆的截面面积在 2.5mm² 以上
不充电，警告灯闪，且风扇不转	过热警告，需要清理风扇的灰尘

二、常规充电系统的控制原理

作为纯电动汽车的核心，动力蓄电池的充电过程由 BMS 进行控制及保护。车载充电机工作状态及指令均由 BMS 发出的指令进行控制，包括工作模式指令、动力蓄电池允许最大电压、充电允许最大电流和加热状态电流值。

加热状态时，BMS 闭合负极继电器和加热继电器，通过热敏加热元件 PTC 给动力蓄电池包内的电芯进行加热，此时 PTC 相当于一个电阻负载，充电机对负载直接供电，此时车载充电机先判断其输出端电压，即闭合继电器开始工作。

充电状态时，BMS 将闭合正极及负极继电器，车载充电机将先判断其输出端电压值，当检测到电压值满足充电后，车载充电机将闭合其输出端继电器，开始工作。

慢充控制顺序见表 5-3。

表 5-3　慢充控制顺序

车载充电机	动力蓄电池及 BMS	整车控制器、仪表及数据终端、采集终端
220V 上电	待机	待机
12V 低压供电并等待指令	唤醒	
接收指令并执行加热流程	BMS 检测动力蓄电池状态并发送加热指令	
接收指令并停止工作	BMS 监控动力蓄电池温度并发送停止指令	唤醒
接收指令并执行充电流程	BMS 待车载充电机反馈后发送充电指令	
接收指令并停止工作	BMS 监控动力蓄电池状态并发送完成指令	
完成后 1min 控制充电桩结算	待机	待机

车载充电机充电，充电温度与充电电流要求（车载充电机模式下充电要求）见表 5-4。

表 5-4　充电温度与充电电流要求

温度/℃	小于 0	0～55	大于 55
可充电电流/A	0	10	0
备注	当电芯最高电压高于 3.6V 时，降低充电电流到 5A；当电芯电压达到 3.7V 时，充电电流为 0A，请求停止充电		

三、快速充电系统的结构

快速充电系统通过地面充电桩将工业 380V 三相电通过功率变换后，直接将高压大电流通过动力蓄电池高压线束经高压控制盒充入动力蓄电池。快充充电过程中车载充电机不再参与。快速充电过程工作原理图如图 5-8 所示。

快速充电系统的组成主要有快充桩、

图 5-8　快速充电过程工作原理图

快充接口、快充线束、高压控制盒、动力蓄电池高压线束和动力蓄电池。

1. 快充桩

直流充电桩也就是快充桩，固定安装在电动汽车外，与交流电网连接，可以为电动汽车动力蓄电池提供直流电源。快充桩的输入电压采用三相四线 AC 380×(1±15%)V，频率为50Hz，输出为可调直流电，直接为电动汽车的动力蓄电池充电，不经过车载充电机。由于直流充电桩采用三相四线制供电，可以提供足够的功率，输出的电压和电流调整范围大，可以实现快充的要求。

快充桩与电动汽车之间通信充电时，充电桩需要与电动汽车进行信息互换，让充电桩识别插头连接状态，如是否可靠连接、是否漏电等，用于确定是否可以开始充电或断电。快速充电桩如图5-9所示。

图 5-9　快速充电桩

2. 快充接口

快速充电接口通常采用标准的九孔充电接口，如图5-10所示。快充接口一般位于机舱内或者汽车前车标内部。

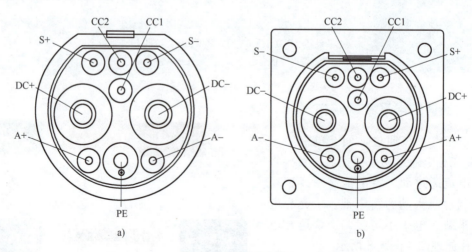

图 5-10　快速充电接口

a）插头　b）插座

快速充电接口各端子定义见表5-5。

表5-5 快速充电接口各端子定义

端子标号及标示	额定电压和额定电流	功 能 定 义
DC +	750V/1000V 80A/125A	直流电源正极，连接直流电源正极与动力蓄电池正极
DC −	750V/1000V 80A/125A	直流电源负极，连接直流电源负极与动力蓄电池负极
PE	—	保护搭铁（PE），连接供电设备搭铁线和车辆平台
S +	0～30V 2A	充电通信 CAN H，连接非车载充电机与电动汽车
S −	0～30V 2A	充电通信 CAN L，连接非车载充电机与电动汽车
CC1	0～30V 2A	充电连接确认线
CC2	0～30V 2A	充电连接确认线
A +	0～30V 2A	辅助蓄电池正极，连接非车载充电机为电动汽车提供辅助蓄电池
A −	0～30V 2A	辅助蓄电池负极，连接非车载充电机为电动汽车提供辅助蓄电池

GB/T 20234.3—2015 对直流充电桩与电动汽车的通信方式及接口进行了规范，两者之间通过 CAN 协议进行通信，因此每一个直流充电插头都必须包含 CAN 接口，一桩多充的充电桩则会有多个 CAN 接口。

四、常规充电和快速充电的区别

简单来说，交流充电桩需要借助车载充电机来充电，直流快速充电桩不需要这个设备。两者在充电速度上差别较大，一辆纯电动汽车（普通电池容量）完全放电后通过交流充电桩充满需要 8h，而通过直流快速充电桩仅需要 2～3h。交流充电桩给电动汽车的充电机提供电力输入，由于车载充电机的功率并不大，所以不能实现快速充电。直流快速充电桩是固定安装在电动汽车外，与交流电网连接，可以为非车载电动汽车的动力蓄电池提供直流电源的供电装置，直流充电桩可以提供足够的功率，输出的电压和电流调整范围大，可以实现快充的要求。

知识拓展

电动汽车换电模式可行吗？

早在几年前，我国就关于电动汽车实行充电模式还是换电模式展开了激烈的争论，并形成了以国家电网和众泰汽车为主导的换电模式阵营，与南方电网、中国普天新能源和比亚迪主导的充电模式阵营，最终换电模式随着 2012 年国务院印发的《节能与新能源汽车产业发展规划（2012—2020 年）》出台而被打入"冷宫"，确立了以充电为主的电动汽车发展方向。但是，充电模式与换电模式的争论从未停止，以蔚来汽车为代表的互联网造车新势力推动发展换电模式。那么，换电模式究竟有何魅力能让众多企业为之倾倒？又是缘何难在中国市场实行？

换电优势不容置疑。换电模式的运行首先可以解决电动汽车续驶里程短、充电难以及成本高等一系列问题，这一切也是基于换电模式背后的商业模式：动力蓄电池租赁、快速更换；产业集中度高，技术、资金、服务集中促进电动汽车行业发展；建立起终端用户的巨大使用网络。首先是续驶里程，换电模式的推进，将会促进动力蓄电池技术的发展，动力蓄电池的容量将得到快速提升。其次是充电时间，换电模式可能迅速给电动汽车换上充满电的动力蓄电池，而目前已有的充电桩一般采用额定功率7kW以下的交流充电模式，所谓的快充无疑对动力蓄电池是极大的损伤。

换电模式之所以一直受到冷落，一方面是因为换电模式带来的产业革命势必会对各大电动汽车车企带来利益冲击；另一方面，换电模式的推行也需要一系列的标准、措施和各相关部门的支持。

换电模式面临的问题主要有如下三个方面：换电站建设成本太高；各个企业的电动汽车技术标准不同，动力蓄电池标准也千差万别；车企普遍不愿意共享技术标准。从特斯拉换电模式由于成本问题的夭折，到以色列 Better Place 由于资金链断裂而宣告破产，众多车企在换电模式上的折戟表明，换电模式的推行离不开具有整车生产能力和动力蓄电池核心技术车企的支持，也离不开电网体系的支撑，但是电动汽车创造出一个巨大的离网电能源应用体系，必然会对传统电动汽车产业造成一定的冲击。

任务二 充电系统常见故障及检修

学习目标

1. 掌握充电系统的常见故障类型。
2. 掌握充电系统常见故障的处理方法。

知识储备

充电系统常见故障及检修

一、充电系统日常保养指导

1. 车载充电机日常保养注意事项

1）检查散热风扇是否有异物。
2）散热器上尽可能减少杂物，保证散热时风道畅通。
3）检查低压插接器是否松动，保证插接器可靠连接。
4）检查高压插接器是否可靠连接。
5）检查外壳是否有明显碰撞痕迹，对车载充电机内部模块是否造成损坏。

2. DC-DC 转换器日常保养注意事项

1）散热器上尽可能减少杂物，保证散热时风道畅通。
2）检查低压插接器是否松动，保证插接器可靠连接。
3）检查高压插接器是否可靠连接。
4）检查外壳是否有明显碰撞痕迹，对 DC-DC 转换器模块是否造成损坏。

二、充电系统常见故障及维修

1. 车载充电机常见故障

1）充电桩显示车辆未连接。

解决方案：检查车辆与充电桩两端充电枪是否反接。

2）动力蓄电池继电器未闭合。

解决方案：检查插接器是否正常连接，检查车载充电机输出唤醒是否正常。

3）动力蓄电池继电器正常闭合，但车载充电机无输出电流。

解决方案：检查车端充电枪是否连接到位，检查高压熔丝是否熔断，检查高压插接器及线缆是否正确连接。

2. DC-DC 转换器未正常工作

解决方案：检查插接器是否正常连接，检查高压熔丝是否熔断，检查使能信号是否输入。

三、典型故障检修案例

故障现象：一辆北汽 EV200 新能源汽车经常出现无法使用慢充系统给车辆充电的故障，同时，连接车辆慢充线束后，接通电源开关发现动力蓄电池断开警告灯点亮（图 5-11）。

故障诊断：动力蓄电池断开警告灯点亮表明该车高压电气系统存在故障，整车高压回路断开。动力蓄电池断开警告灯在车辆进行慢充充电时点亮，初步判断可能是慢充系统故障引发的汽车高压电气系统故障。

连接车外充电器，220V 电源灯点亮，说明外接电源供电正常。在电源开关断开的情况下，仪表盘上的慢充线束连接指示灯点亮，但充电指示灯却未被点亮。慢充线束连接指示灯点亮说明慢充电线束连接正常，否则报"请连接充电枪"；充电指示灯未点亮说明该车未进入充电状态。接通电源开关，动力蓄电池断开警告灯点亮，则确认了慢充系统故障已经引发了汽车高压电气系统断开故障。打开汽车前舱盖，观察车载充电机指示灯（图 5-12），发现 Power 电源红色指示灯点亮，Charge 充电指示灯和 Error 充电机内部故障报警指示灯均未点亮。查阅维修手册发现如下信息："Power 灯为电源指示灯，当接通交流电后，电源指示灯亮起；Charge 灯为充电指示灯，当充电机接通电池进入充电状态后，充电指示灯亮起；Error 灯为充电机内部故障报警指示灯，当充电机内部有故障时亮起。"由此可知，慢充线束供电电源确定为正常，

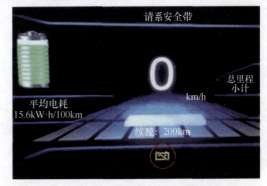

图 5-11 动力蓄电池断开警告灯点亮

图 5-12 车载充电机指示灯

但动力蓄电池未进入充电状态，Error 灯未亮说明车载充电机不存在故障，排除车载充电机本身有故障的可能。

接通电源开关后，仔细地听动力蓄电池正负继电器的吸合声，未发现"咔嗒"的吸合声，这表明动力蓄电池继电器没有闭合的动作。查阅维修手册发现如下信息："动力蓄电池继电器未闭合的解决方案是，检查插接器是否正常连接，检查充电机输出唤醒是否正常。"由于慢充电线束连接指示灯未点亮，说明慢充充电插接器已正常连接，那剩下的就只有车载充电机输出唤醒系统存在问题了。

查阅北汽 EV200 新能源汽车慢充电系统电路图（图 5-13），发现唤醒信号是通过车载充电机的端子 A15 传输给整车控制器的端子 113，从而实现整车控制器慢充唤醒信号的激活，完成慢充电系统的连接。因此，检测可以从整车控制器的端子 113 开始，如果端子 113 有信号电压则说明整车控制器损坏。由于 Error 报警指示灯未亮起，说明车载充电机工作正常，所以如果端子 113 无信号电压，则可以判定该电路或连接状况存在问题。

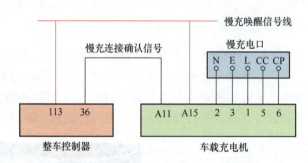

图 5-13　北汽 EV200 新能源汽车慢充电系统电路图

在慢充充电插接器正常连接的情况下，接通电源开关后，慢充电线束连接指示灯未点亮，说明车辆慢充线束已经连接好，由于慢充线束存在互锁关系，可以先排除慢充电口上 CP 信号通信及其他（N、E、L、CC 电路）存在问题的可能性。

断开电源开关，拔下整车控制器 121 端子导线插接器（整车控制器导线插接器为左边较小的），找到整车控制器端子 113。重新接通电源开关，测得端子 113 的电压为 0V，这说明车载充电机端子 A15 未能将唤醒信号传输到整车控制器。

断开电源开关，拔下车载充电机 16 端子导线插接器，测量整车控制器端子 113 与车载充电机端子 A15 之间的电路电阻，为 ∞，说明该电路确实发生断路故障。

故障排除：更换该线束后试车，每次都能顺利充电，确认故障排除。

故障总结：该故障的第一个关键判断点是动力蓄电池断开，故障警告灯点亮是慢充电系统引起的故障，而非真正的动力蓄电池故障；第二个关键判断点是诊断人员是否注意到接通电源开关的瞬间，动力蓄电池正负继电器没有发出"咔嗒"的吸合声，无吸合声说明动力蓄电池没有开启充电模式；第三个关键点在于诊断人员观察到车载充电机指示灯 Error 未亮起，说明无须怀疑车载充电机本身故障。

项目六 整车控制器的认知与检修

任务一 整车控制器的功能和整车状态认知

学习目标

1. 掌握整车控制器的功能。
2. 了解整车控制方案。
3. 熟悉整车状态获取。
4. 掌握整车控制器的拆装方法。

知识储备

整车控制器的功能
与整车状态认知

一、整车控制器的位置和功用

1. 整车控制器的位置

图 6-1 所示为北汽 EV160 整车控制器的外观；如图 6-2 所示，整车控制器安装在前机舱中。

图 6-1 北汽 EV160 整车控制器的外观

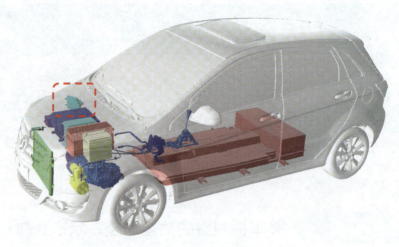

图 6-2　北汽 EV160 整车控制器的安装位置

2. 整车控制器的功用

图 6-3 所示为北汽 EV160 整车控制系统关联图。驾驶人在驾驶纯电动汽车中存在大量的车辆状态数据，如车况、路况和驾驶人意图等。这些车辆状态数据由整车控制器存储和处理，因此，整车控制器相当于电动汽车的"大脑"，掌握和控制车辆各部分状况。图中连线表示整车控制器与电机控制器、BMS、车载充电机和空调等部分的联系，箭头表示信号流通的方向。

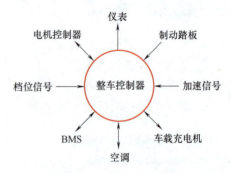

图 6-3　北汽 EV160 整车控制系统关联图

图 6-4 所示为整车控制器的分层控制方式。

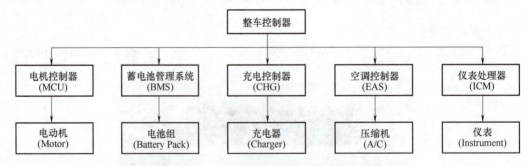

图 6-4　整车控制器的分层控制方式

整车控制器的主要功用如下：
1）整车驱动控制——转矩输出。
2）能量管理功能——放电和能量回收。
3）整车辅助系统控制——电动空调、暖风等。
4）整车安全管理和诊断功能——预警、故障干预。
5）整车网关的管理功能——新能源 CAN 总线和车身 CAN 信息交互。

6）整车信息管理功能——仪表显示、远程监控等。

7）高低压安全管理与保护功能。

二、整车状态认知

1. 整车状态获取方式

1）整车状态的获取。通过车速传感器、档位信号传感器等采用不同的采样周期时检测整车的运行状态。

2）通过 CAN 总线获得原车功能模块、动力蓄电池系统和电机驱动系统等状态信息。

2. 整车状态获取内容

1）钥匙状态——OFF、ACC、ON、START。

2）充电监控状态——充电唤醒、连接状态、慢充门板（开-关）。

3）档位状态——P、R、N、D。

4）加速踏板位置——节气门开度（0~100%）。

5）制动踏板状态——踩制动踏板、未踩制动踏板。

6）BMS 状态——继电器、电压、电流等。

7）电机控制器状态——工作模式、转速、转矩等。

8）EAS（电动空调系统）、PTC 信息（PTC 加热）。

9）ABS 状态、ICM 状态（防抱死制动系统，仪表控制）。

知识拓展

北汽 EV160 整车控制器的拆装

一、整车控制器的拆装方法

整车控制器的拆装必须由经过培训的专业维修人员进行，并准备好作业工具，严格遵守维修注意事项，确保人身及车辆安全。维修前需将车辆停放于维修区或合适的水平地面上，确保整车处于 P 位、驻车制动操纵杆拉起、车辆端充电枪拔出、钥匙处于 OFF 档并拔出，辅助蓄电池负极断开。按照图 6-5 所示箭头及提示拔下整车控制器连接线束插头 A 和 B。

当装拆螺栓时，要按照维修手册规定的合适力矩进行。拆卸整车控制器后，不要私自打开壳体。

二、插接器的含义

插接器就是通常所说的插头和插座，用于传感器、执行器、控制单元与线束，线束与线束或导线与导线间的相互连接，使多个电气元件构成一个完整的电气系统。为了防止插接器在汽车行驶中脱开，所有插接器均采用了闭锁装置。

图 6-5　插接器 A、B 拔出示意图

插接器按照锁定机构的不同，可分为锁扣式、滑锁式和锁杆式三种。锁扣式插接器的特点是在插座上有一个锁扣，在插头上有一个凸起，插头插入插座时，锁扣扣住凸起，可以避免插接器意外松动和断开。

任务二　整车控制策略的认知

1. 了解整车工作模式。
2. 了解整车充电过程控制。
3. 了解整车上电过程控制。
4. 了解整车驱动控制。
5. 了解整车高压及辅助系统控制。

整车控制策略
的认知

知识储备

结合整车控制器控制功能，整车控制策略包含的内容如图6-6所示。

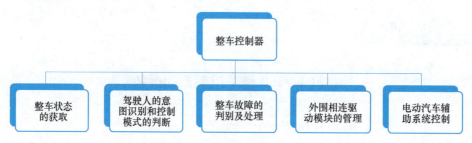

图6-6　整车控制策略包含的内容

一、整车工作模式和切换

1. 两个工作模式

整车分为充电模式和行驶模式两个工作模式；整车控制器由低压唤醒后，周期执行整车模式的判断，其中，充电模式优先于行驶模式。

（1）充电模式　充电唤醒信号、（快慢充）充电门板信号或连接确认信号。

（2）行驶模式　钥匙处于 ON 档、无充电唤醒信号、无充电门板信号或连接确认信号。

2. 整车工作模式切换

整车工作模式切换特点如图6-7所示。

图6-7　整车工作模式切换特点

1）充电模式不能切换到行驶模式。

钥匙在 ON 档同时充电中，此时关闭充电口，车辆不能上高压，需驾驶人将钥匙打到非 ON 档，并再次到 ON 档时，方可上高压。

2）行驶模式可以切换到充电模式。

整车在行驶模式时，如果检测有充电需求，整车控制器需先执行高压下电后，再进行正常的充电流程。

二、整车充电和上电过程控制

1. 整车正常充电控制

整车有慢充和快充两种状态，如整车处于 ON 档有高压时，需先进行高压下电后再进行充电。

1）车辆插上充电枪时，先有充电唤醒信号给整车控制器、BMS 和仪表等，仪表充电连接指示灯闪烁。

2）整车控制器检测到充电门板信号，判断进入充电模式，仪表充电连接指示灯点亮。

3）进入充电模式后，整车控制器置位允许充电指令。

4）BMS 与充电机/充电桩建立充电连接，开始充电。

在充电过程中，整车控制器不直接参与充电控制，而是实时监控充电过程，包括对异常情况进行紧急充电停止，以及发送部分信息至仪表显示，上传监控平台信息。

2. 整车正常上电过程控制

纯电动汽车的钥匙有 OFF、ACC、ON、START 四个状态。

整车上电分为低压上电和高压上电两个步骤：

1）低压上电。

当钥匙处于 ON 档时，整车控制器、BMS、电机控制器等整车所有零部件低压上电。

2）高压上电。

当钥匙处于 ON 档时，BMS、电机控制器当前状态正常，且不满足整车充电条件，开始执行高压上电。

BMS、电机控制器初始化完成，整车控制器检查 BMS 反馈电池继电器状态。

BMS 正极继电器处于断开状态，整车控制器执行闭合高压主继电器。

整车控制器执行闭合其他高压系统继电器（空调系统高压继电器）。

整车控制器发送 BMS 上电指令，进行预充电操作。

动力蓄电池反馈预充电完成状态，高压连接指示灯熄灭。

检查档位在 N 位，且上电过程中驾驶人使钥匙处于 START 档。

仪表显示 Ready 灯点亮，水泵、DC-DC 转换器开始工作。

三、整车驱动控制

整车驱动控制，即转矩控制，是整车控制器的主要功能之一，如图 6-8 所示。

整车驱动控制的核心是工况判断—转矩需求—转矩限制—转矩输出四部分。

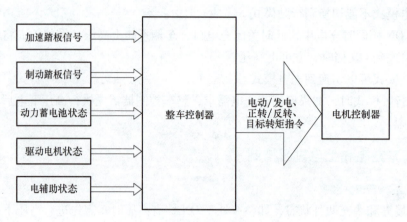

图 6-8　整车驱动控制方案

1. 工况判断——反映驾驶人的驾驶意图

通过整车状态信息（加速踏板/制动踏板位置、当前车速和整车是否有故障信息等）来判断出当前需要的整车驾驶需求（如起步、加速、减速、匀速行驶、跛行、限车速、紧急断高压）。

2. 工况划分

1）紧急故障工况。

2）怠速工况。

3）加速工况。

4）能量回收工况。

5）零转矩工况。

6）跛行工况。

3. 转矩需求——驾驶人驾驶意图的转换

根据判断得出的整车工况、动力蓄电池系统和电机控制器状态计算出当前车辆需要的转矩。

4. 各工况的需求转矩

1）紧急故障工况——零转矩后切断高压。

2）怠速工况——目标车速 7km/h。

3）加速工况——加速踏板的跟随。

4）能量回收工况——发电。

5）零转矩工况——零转矩。

6）跛行工况——限功率、限车速。

5. 转矩限制与输出——驾驶人驾驶意图的实现

根据整车当前的参数和状态及前一段时间的参数及状态，计算出当前车辆的转矩能力，根据当前车辆需要的转矩，最终计算出合理的最终需要实现的转矩。

6. 限制因素

1）动力蓄电池的允许充放电功率——温度、SOC。

2）驱动电机的驱动转矩/制动转矩——温度。

3）电辅助系统工作情况——放电、发电。

4）最大车速限制——前进档和倒车档。

5）跛行工况——限功率、限车速。

四、整车高压及辅助系统控制

1）外围相连驱动模块的控制。

2）动力蓄电池内高压主负继电器。

3）空调系统高压继电器。

4）水泵。

5）DC-DC 转换器。

6）冷却风扇。

7）电子转向助力系统。

8）快充继电器。

五、整车信息管理

整车信息管理包括整车信息系统显示与监控平台信息管理。

1）仪表显示。Ready、档位、车速、SOC、故障等，如图 6-9 所示。

2）监控平台信息上传。

图 6-9　整车信息管理——仪表显示

北汽新能源电动汽车专用故障诊断仪的信息显示

北汽新能源电动汽车专用故障诊断仪能与多种车型匹配，能对多个子系统进行诊断，具有多种诊断能力，能对主要功能部件进行测试。运用专用故障诊断仪也可以显示整车各系统运行的具体信息。诊断主界面如图 6-10 所示。

图 6-10　诊断主界面

任务三　整车故障管理

 学习目标

1. 掌握整车故障诊断流程。
2. 掌握整车故障等级。
3. 掌握仪表显示故障定义。
4. 掌握整车充电、上电异常故障排除的流程。

 知识储备

整车故障管理

一、整车故障诊断流程

第一步：连接故障诊断仪和车辆的通信。

若故障诊断仪无法连接车辆，请按以下顺序进行排查：

1）使用万用表，检查整车控制器的供电是否正常，包括 ON 档电、常电，同时，需要检查低压电气盒中整车控制器的各个供电熔丝是否正常。

2）使用万用表，检查 OBD 诊断口与整车控制器的 CAN 总线线束连接是否牢固、正常，如果以上都正常，请更换全新的整车控制器。

排查结束，故障诊断仪将可以顺利与整车控制器建立 CAN 总线通信连接。

第二步：进入诊断界面，按照流程进行其他故障的定位、排查和维修，最后清除故障码，试车，将车辆交还用户。

仪表显示整车故障时的诊断流程图如图 6-11 所示。

1）读取故障码。

2）读取冻结帧。

3）读取数据流。

4）维修。

5）清除故障码。

6）关闭点火开关，再打开点火开关到 ON 档，再次读取故障码，确认故障不再存在，维修完成。

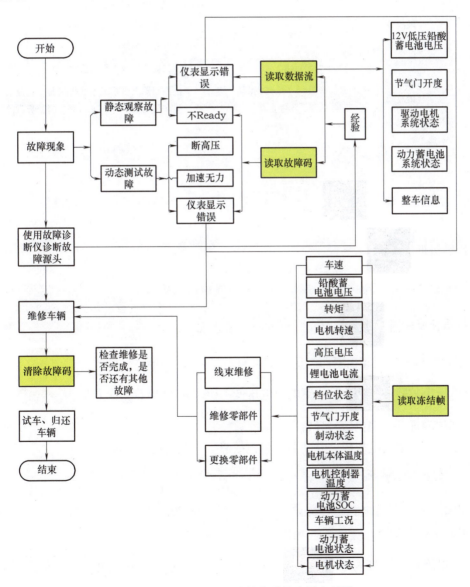

图 6-11　仪表显示整车故障时的诊断流程图

二、整车故障等级

整车故障等级见表 6-1。

表 6-1 整车故障等级

等 级	名 称	故障后处理	故 障 列 表
一级	致命故障	紧急断开高压	电机控制器直流母线过电压故障、BMS 一级故障
二级	严重故障	零转矩	电机控制器相电流过电流、IGBT、旋变等故障，电机节点丢失故障，档位信号故障
三级	一般故障	跛行	加速踏板信号故障
		降功率	电机控制器电机超速保护
		限功率<7kW	跛行故障，SOC<1%，BMS 单体欠电压，内部通信、硬件等二级故障
		限速<15km/h	低压欠电压故障、制动故障
四级	轻微故障	只仪表显示（维修提示），能量回收故障，仅停止能量回收	电机控制器电机系统温度传感器、直流欠电压故障，整车控制器硬件、DC-DC 转换器异常等故障

三、仪表显示故障定义

1. 动力蓄电池故障 ——动力蓄电池系统通过 CAN 总线报送的故障

绝缘等级低 。

2. 电机故障——驱动电机系统通过 CAN 总线报送的故障

电机系统温度高 。

3. 通信故障——整车控制器与仪表的 CAN 总线通信中断

1）低压电故障 ——蓄电池电压低、DC-DC 转换器工作异常。

2）档位闪烁——档位信号异常。

3）动力蓄电池充电故障——动力蓄电池故障、车载充电机故障。

四、整车充电、上电异常诊断

1. 整车充电异常诊断

充电异常情况如下：

1）充电连接指示灯闪烁 ——充电唤醒信号、车载充电机、整车控制器硬件故障。

2）充电连接指示灯不亮——整车控制器硬件、连接确认信号故障。

3）充电故障——车载充电机故障、BMS 故障。

4）充电电流异常——动力蓄电池系统故障。

2. 整车上电异常诊断

仪表 Ready 灯未点亮，通过观察仪表信息，进行原因排查：

1）通信故障——检查整车控制器连接情况、CAN 总线网络连接情况、整车控制器硬件。

2）充电连接指示灯闪烁/亮  ——检测有充电门板信号、充电唤醒。

3）动力蓄电池故障灯亮 ——重新置于 ON 档上电后，如仍亮，表明动力蓄电池有故障。

4）档位显示状态闪烁 ——档位重新换到 N 位，如仍闪烁，检查相关档位。

5）高压连接指示灯亮 ——检查 BMS、电机控制器初始化完成情况，检查 BMS 上电流程，检查整车控制器硬件情况。

故障诊断仪读取数据流信息：ON 档唤醒信号电压 >6V、充电唤醒信号电压 0V、CC 连接信号电压 >3V。

知识拓展

认识 OBD

一、OBD 是什么？

OBD 是 On-Board Diagnostics 的缩写。GB 18352.5—2013 将车载诊断（OBD）系统的定义为排放控制用车载诊断（OBD）系统。它必须具有识别可能存在故障区域的功能，并以故障码的方式将该信息存储在电控单元（ECU）存储器内。

OBD-Ⅱ诊断插头如图 6-12 所示。OBD 接口线束定义如下：

Pin1：新能源 CAN-H，线号 32。

Pin9：新能源 CAN-L，线号 33。

Pin6：原车 CAN-H，线号 52。

Pin14：原车 CAN-L，线号 53。

Pin16：常电（BAT+）。

Pin5：信号搭铁线。

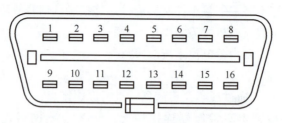

图 6-12　OBD-Ⅱ诊断插头

二、OBD 的发展

从 20 世纪 80 年代起，美、日、欧等汽车制造企业开始在其生产的电喷汽车上配备 OBD，初期的 OBD 没有自检功能。比 OBD 更先进的 OBD-Ⅱ在 20 世纪 90 年代中期产生，美国汽车工程师协会（SAE）制定了一套标准规范，要求各汽车制造企业按照 OBD-Ⅱ的标准提供统一的诊断模式，在 20 世纪 90 年代末期，进入北美市场的汽车都按照新标准设置 OBD。

OBD-Ⅱ与以前的所有车载诊断系统不同之处在于有严格的排放针对性，其实质性能就是通过监测汽车的动力和排放控制系统来监控汽车的排放。当汽车的动力或排放控制系统出现故障，有可能导致一氧化碳（CO）、碳氢化合物（HC）、氮氧化合物（NO_x）或燃油蒸发污染量超过设定的标准，故障灯就会点亮报警。

三、OBD 接口的位置

不同车型的 OBD 接口位置不同，OBD 接口的位置如图 6-13 所示。
A 区域：通用、大众、宝马、福特、丰田、现代、雪铁龙等品牌大部分车型。
B 区域：大众途安、进口雷克萨斯等少数车型。
C 区域：东风雪铁龙等少数车型。

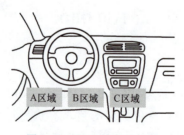

图 6-13　OBD 接口的位置

四、竞赛中的 OBD 故障点

历年汽车职业技能大赛中，与 OBD 相关的故障点主要包括电路断路、短路、电路搭铁或对正极以及错线等。

项目七 辅助系统的检修

任务一 制动系统的检修

 学习目标

1. 掌握制动系统的作用。
2. 掌握制动系统的构成和原理。
3. 掌握电动真空系统的常见故障及原因分析。
4. 本任务可以作为智能新能源汽车职业技能等级证书"新能源汽车悬架转向制动安全技术"模块（初级、中级）学习内容。

制动系统的检修

 知识储备

一、制动系统的概述

对汽车起到制动作用的是作用在汽车上，其方向与汽车行驶方向相反的外力。通过对一辆行驶中的汽车做受力分析，可得，作用在汽车上的滚动阻力、上坡阻力、空气阻力和加速阻力都能对汽车起制动作用，但这些外力的大小都是随机的、不可控制的。因此，汽车上必须装设一套专用的装置，能够提供可靠的制动力，以便驾驶人能根据道路和交通状况，借以使外界在汽车某些部分（主要是车轮）施加一定的作用力，对汽车进行一定程度的强制制动。

上述能够产生可控制的并且对汽车进行制动的外力称为制动力，这样一系列专用装置称为制动系统。

1. 制动系统的作用

汽车制动系统的作用一般可以用以下三方面的制动效果表示：

1）使行驶中的汽车减速甚至停车。
2）使下坡行驶的汽车速度保持稳定。
3）使已停止行驶的汽车保持静止不动（平直路面及坡道）。

2. 制动系统的基本要求

要满足汽车在行驶过程中的制动安全性要求，需要其能满足下列基本要求：

1）具有良好的制动性能，包括制动效能、制动效能的恒定性、制动时的方向稳定性三个方面。

2）操纵轻便。

3）制动平顺性好，制动力矩能迅速平稳地增加，同时也能迅速且彻底地解除。

3. 制动系统的类型

（1）按制动系统的功能分

1）行车制动系统。使行驶中的汽车减速甚至停车的一套专用装置，它是汽车在行车过程中经常使用的。

2）驻车制动系统。使已经停止行驶的汽车驻留原地不动的一套专用装置。

3）第二制动系统。在行车制动系统失效的情况下，保证汽车仍能实现减速或停车的一套专用装置。在许多国家的制动法规中规定，第二制动系统也是汽车必须具备的。

4）辅助制动系统。在汽车下长坡时用以稳定车速的一套装置。例如，经常行驶在山区的汽车，如果仅仅依靠行车制动系统来达到下长坡时稳定车速的目的，则可能导致行车制动系统的制动器过热产生热衰退现象，从而降低制动效能，严重时甚至完全失效，辅助制动系统可有效避免此现象的发生。

（2）按制动系统的制动能源分

1）人力制动系统。以驾驶人的肌体作为唯一制动能源的制动系统。

2）动力制动系统。完全依靠由发动机的动力转化而成的气压或液压形式的势能进行制动的制动系统。

3）伺服制动系统。兼用人力和发动机动力进行制动的制动系统。

按照制动能量的传输方式，制动系统又可分为机械式、液压式、气压式和电磁式等。

二、制动系统的构成和原理

电动汽车的制动系统与传统汽车的制动系统相类似，主要包括供能装置、控制装置、传动装置和制动器四个基本组成部分，如图7-1所示。

（1）供能装置　供能装置包括供给、调节制动所需能量以及改善传动介质状态的部件。其中，产生制动能量的部分称为制动能源。

（2）控制装置　控制装置包括产生制动动作和控制制动效果的部件，如制动踏板就是其中一种较为简单的控制装置。

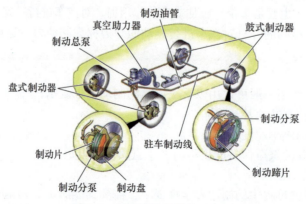

图7-1　制动系统的结构示意图

(3) 传动装置　传动装置包括将制动能量传输到制动器的部件，如制动主缸和各个制动轮缸。

(4) 制动器　制动器是产生阻碍车辆运动或运动趋势的部件，即产生制动力的主要部件，其中也包括辅助制动系统中的缓速装置等。

当然，有些较为完善的制动系统还具有制动力调节装置、报警装置以及压力保护装置等附加装置，随着制动系统的不断完善，也衍生出了各种新技术。

1. 制动器的简介

如前面所述，制动器是制动系统中用以产生阻碍车辆运动或运动趋势的力的部件。一般制动器都是通过其中的固定元件对旋转元件施加制动力矩，使后者的旋转角速度降低，同时依靠车轮与路面的附着作用，产生路面对车轮的制动力，来使汽车减速制停。

凡是利用固定元件与旋转元件工作表面的摩擦而产生制动力矩的制动器统称为摩擦制动器，行车制动器、驻车制动器及第二制动器几乎都属于摩擦制动器，它的使用具有广泛性。

目前汽车上采用的摩擦制动器可分为鼓式制动器和盘式制动器两大类。鼓式摩擦副中的旋转元件为制动鼓，工作面为圆柱面；盘式的旋转元件为圆盘状的制动盘，工作面为圆盘端面。

电动汽车所用的制动器主要有前盘后鼓和前后均为盘式制动器两种形式。盘式制动器效率比鼓式制动器高，但价格相对贵一些。现在使用的盘式制动器，主要为浮钳盘式制动器（图7-2），制动钳体是浮动的，制动油缸一般为单侧的，且与油缸同侧的制动块总成是活动的，而另一侧制动块总成固定在钳体上。

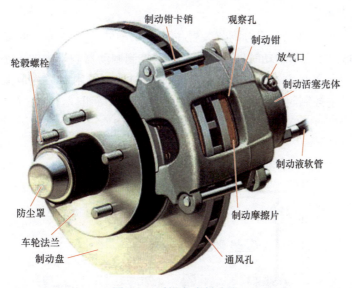

图7-2　浮钳盘式制动器

盘式制动器又可分为钳盘式制动器（定钳盘式制动器和浮钳盘式制动器）和全盘式制动器。

鼓式制动器主要用在后轮上，兼驻车制动的功能。内张型鼓式制动器是利用制动鼓的圆柱内表面与制动蹄摩擦片的外表面作为一对摩擦表面在制动鼓上产生摩擦力矩，如图7-3所示。

盘式制动器与鼓式制动器相比，具有以下优点：

1）制动器效能受摩擦因数的影响较小，即制动效能相对稳定。

2）浸水后制动效能降低较少，而且只需经一两次制动即可恢复正常。

3）在输出制动力矩相同的情况下，尺寸和质量一般较小。

4）制动盘沿厚度方向的热膨胀量较小，不会像制动鼓的热膨胀那样使制动器间隙明显增加而导致制动踏板行程过大。

5）容易实现制动间隙的自动调整，保养修理作业较为简单。

图 7-3　鼓式制动器

当然，盘式制动器也有以下不足之处：

1）制动效能较低，故用于液压制动系统时所需制动促动管路压力较高，一般要用伺服装置。

2）兼用于驻车制动时，需要加装的驻车制动传动装置较鼓式制动器复杂，因而在后轮上的应用受限。

目前，盘式制动器已广泛应用于轿车上，大都只用作前轮制动器，并与后轮的鼓式制动器配合使用，以获得汽车在较高车速下制动时的方向稳定性。

2. 制动压力调节装置

目前，汽车上所用的制动压力调节装置主要是制动防抱死系统，英文为 Antilock Brake System，简称 ABS。在汽车制动时，ABS 能够自动控制制动器制动力的大小，使车轮不被抱死，并处于滑移率在 20% 左右的状态，以保证车轮与地面的附着力为最大值。ABS 通常由电动泵、储能泵、主控制阀、电磁控制阀和一些控制开关等组成，如图 7-4 所示。

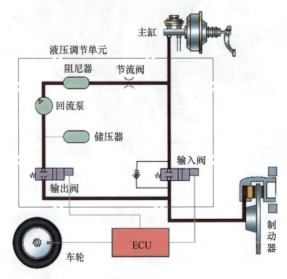

图 7-4　ABS 的结构示意图

3. 电动真空助力系统

目前的家用轿车上广泛采用真空助力器作为制动助力器，利用发动机进气歧管处的真空度来帮助驾驶人操纵制动踏板。纯电动汽车的真空由一套专用的真空装置提供，主要由电动真空泵和真空罐组成，如图 7-5 和图 7-6 所示。

图 7-5　电动真空泵

图 7-6　真空罐

图 7-7 所示为电动真空助力系统工作过程简图。

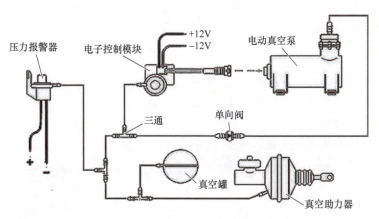

图 7-7　电动真空助力系统工作过程简图

电动真空泵控制电路

电动真空泵的工作原理

当驾驶人起动汽车时，12V 电源接通，电子控制模块开始自检，如果真空罐内的真空度小于设定值（50kPa）后，真空压力传感器输出相应电压值至控制器。此时控制器控制电动真空泵开始工作，当真空度达到设定值后，真空压力传感器输出相应电压值至控制器，此时控制器控制电动真空泵停止工作，当真空罐内的真空度因制动消耗，真空度小于设定值时，电动真空泵再次开始工作，如此循环。

三、电动真空系统的常见故障及原因分析

电动真空系统的常见故障及原因分析见表 7-1。

表 7-1 电动真空系统的常见故障及原因分析

故障现象	原因分析
连接电源后电机不转	检查熔丝是否熔断 　　熔断　　　　　　　　　　未熔断 1) 电路短路　　　　　　1) 蓄电池亏电 2) 控制器损坏　　　　　2) 电路断路 3) 电机烧毁短路　　　　3) 控制器损坏
接通电源后,真空度抽至上线设定值,电机不停转	1) 开关触头短路常开 2) 电子延时模块损坏,应更换
压力开关不能正常开启和断开	1) 压力开关触头污损、锈蚀,接触不良,清洁触头或更换压力开关 2) 连接线折断或插头连接处脱焊,应更换连接线 3) 管路密封性不好,检查管路密封性,必要时更换
设备的机壳带电	1) 电源线接错,壳体与电源的正极连接。应纠正错误连接 2) 电源插座的搭铁线未真实与搭铁连接,应把电源插座中搭铁线连接好

任务二　冷却系统的检修

1. 掌握纯电动汽车的热源。
2. 掌握纯电动汽车动力蓄电池冷却系统的两种形式。
3. 掌握纯电动汽车冷却系统的组成。
4. 掌握纯电动汽车冷却系统的冷却液更换技能。
5. 掌握冷却系统常见故障及诊断的方法。

冷却系统的检修

一、冷却系统的概述

1. 纯电动汽车的热源

纯电动汽车的主要热源来自于动力蓄电池、电机和电机控制器等,动力蓄电池的热量主要来自化学反应、极化反应所产生的内阻焦耳热;电机的热量主要来自绕组铜损发热、铁心涡流效应发热;电机控制器的热量主要来自输出极功率模块的损耗。其总的散热量大概相当于同功率传统汽车的2.5~3倍,而这些热源的工作温度范围又有较大的差别。要将这些部件的热量第一时间散发出去,并维持其他部件的工作可靠性,必须有一套适合电动汽车本身的冷却系统。例如北汽EV200这款纯电动汽车为驱动电机和控制器散热,沿用原车散热器及膨胀水箱,采用电动水泵,全新设计水管。

2. 纯电动汽车与传统汽车的冷却系统区别

在传统汽车中冷却系统的作用是使发动机在所有工况下都保持在适当的温度范围内。由于发动机工作期间，最高燃烧温度可能达到 2500℃，即使在怠速或中等转速的情况下，燃烧室的平均温度也在 1000℃以上。因此，与高温燃气接触的发动机零部件受到强烈的热能量。在这样的工况下，若不进行适当的冷却，发动机将会过热，工作过程恶化，零部件强度降低，机油变质，零部件磨损加剧，最终导致发动机动力性、经济性、可靠性及耐久性的全面下降。

上述是传统汽车冷却系统的重要性阐述，但是纯电动汽车与传统内燃机汽车由于两者之间的结构和原理的差异导致了热源及散热方式的不同。纯电动汽车关键零部件动力蓄电池、电机、电机控制器及充电机的效率不能达到 100%，在能量转化过程中产生大量的热量，这些产生的热量如果不能及时散发出去，将导致车辆限功率运行甚至导致零件的损坏。所以，冷却系统是电动汽车将动力蓄电池、电机、电机控制器及充电机产生的热量及时散发出去，保证其在要求的温度范围内稳定高效工作的关键部分，图 7-8 所示为电动汽车冷却系统的三维建模图。

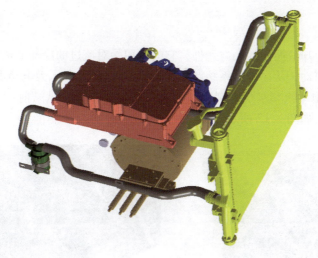

图 7-8　电动汽车冷却系统的三维建模图

3. 纯电动汽车动力蓄电池的冷却

目前，纯电动汽车的动力蓄电池冷却系统可以分为风冷和水冷两种方式。部分车辆还在其动力蓄电池上设计了热管理系统。

（1）风冷式冷却系统　外部空气经过车辆加热冷却装置进入汽车内部，然后经过动力蓄电池包，带走动力蓄电池包所产生的热量，并通过风机排出汽车本体，其中一部分空气会回流，如图 7-9 所示。

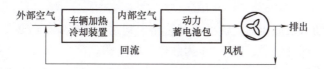

图 7-9　纯电动汽车风冷式冷却系统示意图

（2）液冷式冷却系统　冷却介质在冷却液泵的推动下，在液体/气体热交换器及动力蓄电池包之间快速流动，将动力蓄电池包所产生的热量通过交换器与外界进行热交换，并且通过风机将热量排出，如图7-10所示。

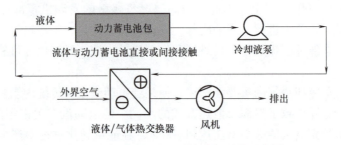

图7-10　纯电动汽车液冷式冷却系统示意图

二、冷却系统的结构

纯电动汽车的冷却系统主要由电动水泵、散热器、电子风扇、膨胀水箱、冷却管路总成等组成。

1. 电动水泵

电动水泵作为冷却液循环的动力元件，它的作用是对流过的冷却液进行加压，使冷却液在冷却系统中循环流动，从而带走系统散发的热量，图7-11所示为电动水泵的实物图。

以北汽EV200电动汽车水泵为例，电动水泵安装在车身右纵梁前部下方，位于整个冷却系统较低的位置，如图7-12所示。

图7-11　电动水泵的实物图　　图7-12　北汽EV200电动水泵安装位置图

北汽EV200的电动水泵采用的是永磁无刷直流电机，图7-13所示为电动水泵剖面图，浮动式转子与叶轮注塑成一体。电动水泵在没有冷却液的情况下绝对不能空载运行，否则将会导致转子和定子的磨损，最终损坏电动水泵。

2. 散热器

冷却液经过电动水泵加压后，流经冷却管路，到达散热器中。散热器主要由进水室、出水室和散热器芯等三部分组成，图7-14为散热器实物图。

热的冷却液由于向空气散热而变冷，冷空气则因为吸收冷却液散出的热量而升温，所以散热器其实是一个热交换器。

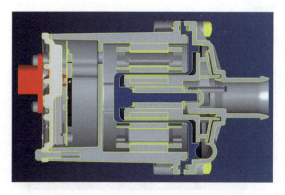

图 7-13 北汽 EV200 电动水泵剖面图

图 7-14 散热器实物图

传统的散热器芯用黄铜作为原料来制作，但是由于轻量化以及考虑到成本等问题，近年来更多的是采用铝作为原料。另外，有一些散热器的进、出水室由复合材料制成，这使得散热器的质量大为减轻。

3. 电子风扇

电子风扇能够提高流经散热器、冷凝器的空气流速和流量，以增强散热器的散热能力，同时冷却其他附件，如图 7-15 所示。

电子风扇采用双风扇构架，采用半径为 R125mm、6 叶不对称结构的扇叶，采用两档调速风扇，双风扇分别由整车电源提供输入，根据电机、控制器和空调压力等参数由整车控制器控制双风扇运行。电子风扇电器接插件为四线，如图 7-16 所示。

高速：两"+"接正极，两"-"接负极。

低速：两"+"接正极，一"-"接负极。

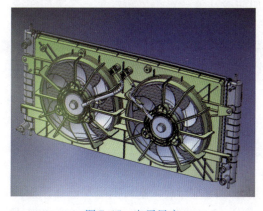

图 7-15 电子风扇

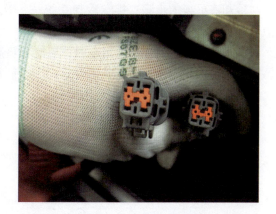

图 7-16 电子风扇接插件

4. 膨胀水箱

膨胀水箱也可以称为"补偿水桶"，如图 7-17 所示。当冷却液受热膨胀时，部分冷却液流入膨胀水箱；而当冷却液降温时，部分冷却液又被吸回散热器，冷却液不会溢失。膨胀水箱的作用是为冷却系统冷却液的排气、膨胀和收缩提供受压容积，补充冷却液和缓冲"热胀冷缩"的变化，同时也作为冷却液加注口。

如果发现膨胀水箱中的冷却液完全用完,就不能只在罐中加液,需要开启散热器盖检查液面并添加冷却液,不然膨胀水箱就失去了它原本的作用。膨胀水箱位置要高于冷却系统的所有部件,是由于当冷却液受热膨胀至散热器盖的蒸汽阀打开时,部分冷却液会随着高压蒸汽通过水管进入膨胀水箱。

EV200 汽车的膨胀水箱开启压力为 29～35kPa,膨胀水箱采用 PP 材料,结构设计满足爆破压力≥200kPa。

图 7-17　膨胀水箱

膨胀水箱补水端外径为 ϕ20mm,逸气端外径为 ϕ8mm,胶管安装时插接到底。

5. 冷却管路总成

目前冷却管的内外胶为三元乙丙橡胶（EPDM）,中间层由织物增强,耐温等级是Ⅰ级（125℃）,爆破压力达 1.3MPa。

冷却水管壁厚为 4mm,端口有安装定位标识,装配时标识应与散热器上的定位标识对齐。

三、冷却液的更换

膨胀水箱中的冷却液建议完全更换的周期一般为两年,北汽 EV200 加注的冷却液型号为"-40℃"的 E00004003 冷却液,整车加注量,风冷充电机车型为 3.8L,水冷充电机车型为 4.5L。

冷却液更换的步骤:排空冷却系统——次加注冷却液—着车运转水泵—二次加注冷却液—检查冷却液状态—关闭散热器膨胀阀。

注意,在打开散热器密封盖时,可能有热蒸汽逸出。戴好护目镜并穿上防护服,以免伤害眼睛和烫伤,并用抹布盖住密封盖,小心打开。

1）排空冷却系统内冷却液步骤如下:

① 打开散热器密封盖。

② 将收集盘置于车下。

③ 松开散热器冷却液排放螺栓,螺栓位置如图 7-18 箭头所指处。

④ 排放出冷却液。

2）向散热器加注口加注符合新能源汽车使用标准的冷却液,至目测冷却液加注至冷却液加注口位置时,开启电动水泵,待水泵循环运行 2～3min 后,再向散热器补充冷却液至加注口,重复以上加注操作,直至达到冷却系统加注量要求。然后向膨胀水箱加注冷却液至上限位置。

3）冷却液液位应在电机降温后检查,在电机未完全冷却时,打开散热器盖,可能会导致冷却液喷出,造成严重烫伤。目视检查冷却液液位与传统汽车无区别,如图 7-19 所示,冷却液液位应该在 A 与 B 刻度线范围内。

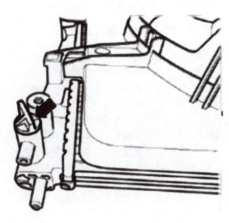
图 7-18　散热器排放螺栓的位置

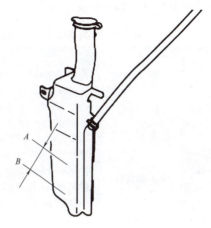
图 7-19　检查冷却液液位

四、冷却系统常见故障及解决方案

冷却系统常见故障现象、故障原因及解决方案见表 7-2。

表 7-2　冷却系统常见故障现象、故障原因及解决方案

故障现象	故障部位	故障原因	解决方案
电机或控制器过热	冷却液缺少	冷却液缺少，未按保养手册添加冷却液	溢水罐处添加冷却液
	冷却液泄漏	环箍破坏，水管接口处冷却液泄漏	更换全新环箍，留存故障件
		水管破损，水管本身冷却液泄漏	更换全新水管，留存故障件
		散热器芯体破坏，芯体处渗漏冷却液	更换散热器芯体，留存故障件
		散热器水室开裂，水室外侧泄漏冷却液	更换散热器芯体，留存故障件
		散热器水室与芯体压装不良，接缝处渗漏	更换散热器芯体，留存故障件
		散热器放水堵塞丢失，放水孔处渗漏	更换散热器放水堵塞
	电动水泵	冷却液有杂质，导致电动水泵堵转	更换系统冷却液
		电动水泵破损，泵盖/密封圈/泵轮破坏	更换电动水泵，留存故障件
		整车线束故障，虚接/短路/断路等故障	查找线束故障，依据线束维修手册处理
		控制器熔丝、继电器熔断，接插件针脚退针	更换电动水泵，留存故障件
	散热器风扇	风扇控制器/继电器/接插件针脚退针	更换散热器风扇，留存故障件
		整车线束故障，虚接/短路/断路等故障	查找线束故障，依据线束维修手册处理
		扇叶破损/断裂，扇叶不工作	更换扇叶，留存故障件
		电机/控制器温度传感器故障，风扇不工作	查找电机/控制器故障，依据维修手册处理
	散热器	芯体老化，芯管堵塞	更换散热器
		散热带倒伏，影响进风量	更换散热器
		水室堵塞，影响冷却液循环	更换散热器
	前杠中网或下格栅	进风口堵塞	查找进风口故障，依据相应维修手册处理

冷却系统部件异响的常见故障现象、故障原因及解决方案见表7-3。

表7-3　冷却系统部件异响的常见故障现象、故障原因及解决方案

故障现象	故障部位	故障原因	解决方案
水泵异响	电动水泵	冷却液有杂质，导致电动水泵堵转	更换系统冷却液
		泵轮破坏，造成水泵异响	更换电动水泵，留存故障件
		冷却液缺失，水泵空转	补充冷却液
		冷却液排空不彻底，水泵气蚀	冷却液排气处理
		水泵高速运行，整车控制器或线束故障	更换整车控制器或查找整车线束故障
散热器风扇异响	散热器风扇	扇叶破损/断裂，扇叶异响	更换扇叶，留存故障件
		护风圈与扇叶摩擦，扇叶异响	更换风扇总成，留存故障件
		护风圈进入杂质，扇叶异响	排除杂质，确认风扇无异常
		冷却液温度过高，风扇高速运行	根据电机过热，排除故障

任务三　电动空调系统的检修

学习目标

1. 掌握纯电动汽车空调制冷系统的组成。
2. 掌握纯电动汽车空调送风系统的组成。
3. 掌握纯电动汽车供暖系统的组成。
4. 掌握纯电动汽车空调系统的常见故障及其诊断方法。
5. 本任务可以作为智能新能源汽车职业技能等级证书"新能源汽车电子电气空调舒适技术"模块（初级、中级）学习内容。

电动空调系统的检修

一、汽车空调系统的概述

汽车空调是汽车室内空气调节的简称，用以调节车内的温度、湿度、气流速度和空气洁净度等空气参数，为乘员提供清新舒适的车内环境。

汽车空调系统主要由制冷系统、送风系统和供暖系统三部分组成。图7-20所示为电动汽车空调系统的主要部件结构图。

1. 制冷系统

纯电动汽车的空调制冷系统主要由电动压缩机、冷凝器、膨胀阀、蒸发器及管路组成，如图7-21所示。

（1）**电动压缩机**　由于没有发动机给压缩机提供动力，纯电动汽车的压缩机与传统汽车的压缩机不同，采用了电动压缩机，如图7-22所示。

电动压缩机主要由压缩机本体，驱动控制器，高压、低压接插件等部分组成。压缩机的驱动控制器将高压直流电转换成三相交流电而驱动空调压缩机。压缩机上布置有高压插头和

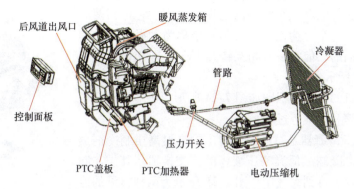

图 7-20　电动汽车空调系统的主要部件结构图

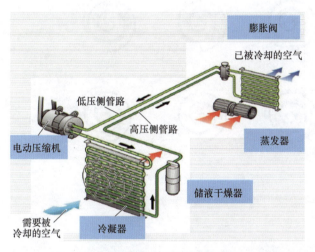

图 7-21　膨胀阀式空调制冷系统的组成图

空调制冷系统的工作原理

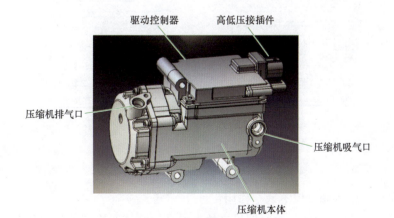

图 7-22　电动压缩机的三维建模图

低压插头，压缩机本体上有制冷剂循环的进出管路。

涡旋式压缩机是电动汽车常用的电动压缩机，它包括两个相互啮合的涡盘，一个称为定涡盘，另一个称为动涡盘，它们两者的线形是相同的，但安装时相互错开180°，即相位角相差180°，如图7-23所示。

涡旋式压缩机的工作过程图如图7-24所示。压缩机内部工作分为吸气、压缩和排气等过程。

(2) 冷凝器　冷凝器是对压缩机排出的高温高压制冷剂蒸气进行冷却，使之凝结成低温高压液体的热交换器。其中，制冷剂蒸气放出的热量排到大气中。图7-25所示为两种常见的冷凝器（管带式、平行流式）结构示意图。

图7-23　动涡盘和定涡盘

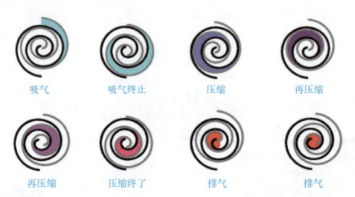

图7-24　涡旋式压缩机的工作过程图

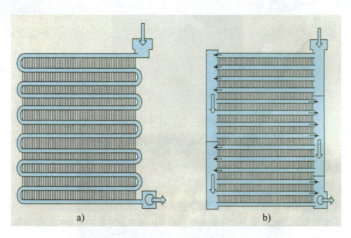

图7-25　两种常见的冷凝器结构示意图
a) 管带式冷凝器　b) 平行流式冷凝器

(3) 膨胀阀　膨胀阀有以下两个作用：

1) 节流降压。膨胀阀使从冷凝器过来的高温高压液体制冷剂节流降压称为容易蒸发的低温低压雾状制冷剂的高压侧和低压侧。

2）自动调节制冷剂流量。根据制冷负荷的改变和压缩机转速的变化，自动调节制冷剂进入蒸发器的流量，以满足制冷循环的需要。

图7-26所示为膨胀阀剖面图。

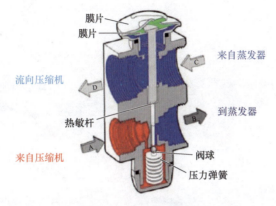

图7-26　膨胀阀剖面图

（4）蒸发器　蒸发器是除冷凝器外，汽车空调制冷系统中的另一个热交换器，作用与冷凝器相反，它是将经过节流降压后的液态制冷剂在蒸发器内沸腾汽化，吸收蒸发器表面周围空气的热量而使之降温，风机将冷风吹到车室内，达到降温的目的。

图7-27所示为蒸发器的外观图。

2. 送风系统

送风系统的作用是将经过冷却或加热的空气通过特定的风道送到驾驶室内。空调送风系统主要由鼓风机、风道、阻风门和出风口等组成，如图7-28所示。

图7-27　蒸发器的外观图

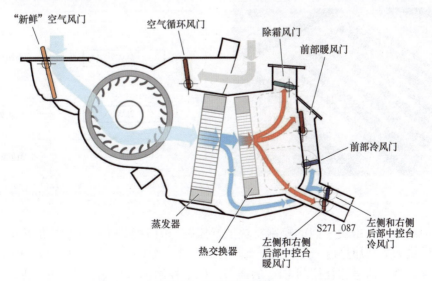

图7-28　空调送风系统

其中，风道内部含有各种元件，包括空气净化风扇、蒸发器、蒸发器温度传感器、热交换器及其温度传感器，以实现不同的送风模式，如图7-29所示。

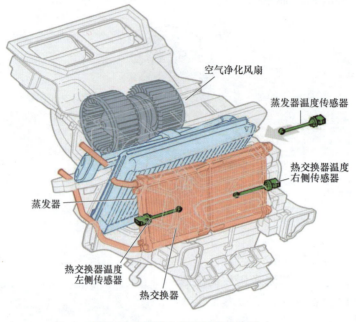

图7-29　风道内部元件及结构图

3. 空调供暖系统

传统汽车是以发动机作为热源的，然而纯电动汽车是依靠电加热器的热能来供暖的，其热源为PTC加热电阻，其外形如图7-30所示。

PTC加热电阻由两组电热阻丝并联组成，单独控制，如图7-31所示。其中，温度传感器用以检测加热电阻的温度，进行控制加热电阻的导通和切断；熔断器用以防止加热电阻失控，进而发生火灾。

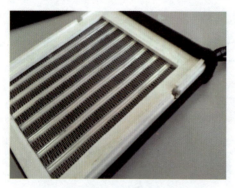

图7-30　PTC加热电阻实物图

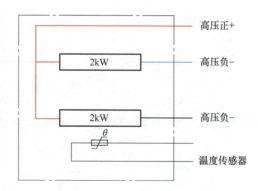

图7-31　PTC加热电阻工作结构示意图

PTC加热电阻一般由专门的控制模块进行控制。图7-32所示为PTC加热电路原理图。PTC控制模块采集到加热请求后，根据整车控制器或压缩机控制器控制信号、PTC总成内部传感器温度反馈等信号综合控制PTC的通断。PTC控制模块采集信息内容包括风速、冷暖程度设置、出风模式、加热器起动请求和环境温度等。

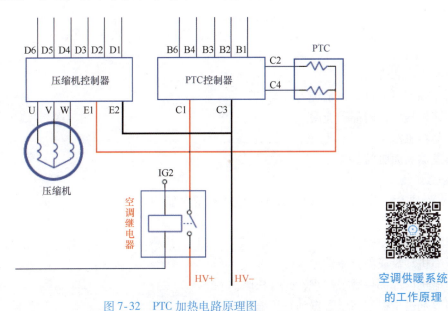

图 7-32　PTC 加热电路原理图

空调供暖系统的工作原理

二、空调系统常见故障及诊断方法

汽车空调系统的常见故障有不制冷、制冷不足和系统噪声太大等。

在对空调系统的故障进行诊断的时候，需要注意以下几点：

1）压缩机绝缘电阻值为 20MΩ。
2）高压部件安全操作。
3）拆解后及时密封各管路开口，防止水或湿空气进入系统。
4）冷冻油（压缩机润滑油）为 POE68，与传统汽车（PAG 冷冻油）不同，勿混用。
5）连接安装各管路接口时注意管口清洁，O 形圈涂抹冷冻油。
6）制冷剂加注量按要求。
7）制冷剂喷出时注意个人防护，避免接触冻伤、吸入及误入眼睛。

1. 不制冷故障

（1）故障现象　打开空调开关，各出风口正常出风，但不是凉风。温度开关冷却效果调到最高仍不制冷。

（2）故障原因

1）压缩机通信故障或压缩机控制器故障。
2）冷凝器风扇不转，电机损坏或电路故障。
3）制冷剂过多、过少，压力开关及电路故障。
4）压缩机损坏或绝缘故障。
5）膨胀阀损坏。
6）制冷回路泄漏或堵塞。
7）空调继电器损坏。

8）空调请求信号或鼓风机信号断路。

2. 制冷不足故障

（1）故障现象　打开空调开关，各出风口能出凉风，但制冷效果不足。

（2）故障原因

1）压缩机效率降低。

2）制冷剂不足或过多，系统内有空气。

3）压缩机损坏，内部有泄漏。

4）冷凝器脏污。

5）蒸发器表面脏污。

3. 系统噪声太大

（1）故障现象　当系统工作时，发出异常声音或明显振动。

（2）故障原因

1）压缩机固定支架松动。

2）压缩机动盘或静盘振动过大。

3）压缩机内部部件磨损严重，配合松旷。

4）制冷剂过量引起高压管振动，压缩机敲击。

5）节流孔堵塞导致流量过小，制冷剂流动发出声音。

6）鼓风机故障产生摩擦声音。

4. 空调系统常见故障的诊断方法

（1）眼看

1）检查各管路插头处是否有油污及灰尘，冷凝器表面情况，散热片是否倒伏变形。如果有油污灰尘则有可能泄漏。

2）观察低压管路是否有结霜，如果有结霜则膨胀阀开度过大。

（2）耳听

1）空调系统在工作中如果出现液击声，可能是膨胀阀开度过大或制冷剂过多，应更换膨胀阀或释放制冷剂。

2）空调压缩机在工作中存在金属的摩擦声，可能是轴承损坏或动、静盘异响。

（3）手摸

1）在正常情况下，空调系统的高压管路比较热，但如果出现冷凝器或储液干燥器进、出口有比较明显温差，通常是由于内部有堵塞。压缩机的进气管和排气管有明显温差，进气管发凉，排气管发烫。

2）低压管路温度比较低，膨胀阀出口至压缩机之间管路温度很低，但不结霜。

3）如用手触摸高压、低压回路没有明显温差，说明制冷系统不工作或系统泄漏使制冷剂严重不足。

（4）仪器、仪表测量

检漏方法如下：

1）检漏仪。利用检漏仪检查各插头或管路是否有泄漏。

2）荧光剂。在冷冻油内加荧光剂，一两滴就可，然后摇均匀。将制冷剂加入。着车开空调跑几天，用紫外线灯就可看见渗漏处。紫外线灯可以用验钞灯，最好用黄色眼镜，减少紫外线伤害。

3）皂泡法。将氮气注入系统内，使系统压力达到10bar（1bar=100kPa）以上，将肥皂水喷、抹在管路或各插头，观察是否有起泡现象。

（5）歧管压力表 起动汽车空调3min后，用歧管压力表检查压缩机高、低侧的压力。

当空调系统开启后，高、低压力取决于冷凝器的散热和车内的热负荷，通常高压在13~16bar范围内，低压在2~2.5bar范围内。如果车内温度很高，低压端也会在2.5~3bar范围内。

（6）制冷剂加注方法

1）打压试漏。用歧管压力表与高、低维修阀连接，中央管与氮气瓶连接，用高压表加压到10~13bar，关闭阀门，在管路或插头用肥皂水试漏。

2）抽真空。中央管与真空泵连接，打开低压阀，抽真空时间不低于20min。

3）加制冷剂。根据需要加冷冻油（R134a），起动发动机接通空调与鼓风机开关，打开开瓶器开关，按下排气阀排出空气后再打开歧管压力表低压阀，将制冷剂瓶倒置并摇晃，第一瓶加完后关闭低压开关，换第二瓶制冷剂其方法与第一瓶相同。

知识拓展

自动泊车辅助系统

随着汽车保有量的日益增加，城市的交通压力也在不断加大。除了日常堵车外，停车也成了大城市中的一大难题，尤其是繁华的商业圈，就算是有一个车位，很多新手驾驶人也不能顺利停进去。

据统计，由于车后盲区所造成的交通事故在我国约占30%，在美国约占20%。交管部门建议车主安装多曲率大视野后视镜来减少车后盲区，提高车辆的安全性能，但依旧无法有效降低并控制事故的发生。汽车尾部盲区所潜在的危险，会给人们带来生命财产的重大损失以及精神上的严重伤害。对于新手驾驶人而言，每次倒车时更是可以用瞻前顾后、胆战心惊来形容。为解决新手驾驶人停车困难的问题，目前很多车型都配备了自动泊车辅助系统。

以智能倒车系统为代表的自动泊车辅助系统，区别于传统倒车系统的最大特点是可以完全解放人们的双手，通过传感器、雷达和高清摄像头等信息采集手段，将数据传输给智能控制芯片，再将合适的指令传达给执行机构，从而实现自动泊车。

之前介绍过一款智能纯电动SUV——小鹏汽车G3，本着"让驾驶更轻松，让泊车更容易"的理念，首推"XPILOT 2.5"全场景自动泊车及智能驾驶系统，从而完成更复杂场景的停车任务。

小鹏G3全车配备20个传感器，包括12个超声波雷达、3个毫米波雷达和5个视觉传感器，三类不同的信息，经过先进的信息融合技术，实时计算最优路径，让自动泊车辅助功能具备了真正的实用价值，如图7-33~图7-35所示。

小鹏G3首创了信况识别与地面信息感知功能，给予驾驶人多车位选择的便利。同时具有常用车位记忆能力，并向驾驶人优先推荐，如图7-36所示。

图 7-33 小鹏 G3 超声波雷达布置图

图 7-34 小鹏 G3 毫米波雷达布置图

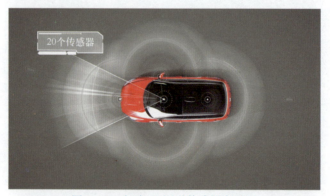

图 7-35 小鹏 G3 视觉传感器布置图

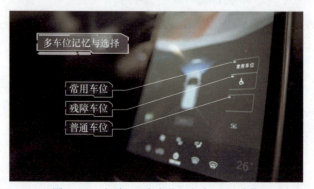

图 7-36 小鹏 G3 多车位记忆与选择功能

小鹏 G3 可以实现普通画线车位的停车外，还能完成斜方车位、无线框车位等特殊车位停车任务，并且还支持空场地拖拽式自由泊车，如图 7-37～图 7-39 所示。

图 7-37　小鹏 G3 标准车位泊车功能

图 7-38　小鹏 G3 斜方无线框泊车功能

图 7-39　小鹏 G3 拖拽式自由泊车功能

小鹏 G3 推出真正实用的全场景泊车系统，解决了垂直与侧方车位识别、斜方车位识别、压线车位与不规则车位识别难题，即使是无线框车位也可识别，配合强大的传感器系统计算执行最优泊车路径，场景覆盖能达到 70% 以上，自动停车成功率能够达到 90% 以上，实现生活常态下的全场景角自动泊入。对于停车位前后左右的安全距离，小鹏 G3 做到了极限的 40cm，未来有望做到更小。小鹏 G3 采用了语音控制泊车辅助以及智能钥匙泊车功能，使自动泊车更多元化。

2021 年 8 月 20 日，由工业和信息化部提出、全国汽车标准化技术委员会智能网联汽车分会归口的 GB/T 40429—2021《汽车驾驶自动化分级》由国家市场监督管理总局、国家标准化管理委员会批准发布。

该标准基于驾驶自动化系统能够执行动态驾驶任务的程度，根据在执行动态驾驶任务中的角色分配以及有无设计运行范围限制，将驾驶自动化分成 0 级至 5 级。

在汽车驾驶自动化的 6 个等级之中，0～2 级为驾驶辅助，系统辅助人类执行动态驾驶任务，驾驶主体仍为驾驶人；3～5 级为自动驾驶，系统在设计运行条件下代替人类执行动态驾驶任务，当功能激活时，驾驶主体是系统。各级名称及定义如下：

0 级驾驶自动化（应急辅助，emergency assistance）系统不能持续执行动态驾驶任务中的车辆横向或纵向运动控制，但具备持续执行动态驾驶任务中的部分目标和事件探测与响应的能力。

1 级驾驶自动化（部分驾驶辅助，partial driver assistance）系统在其设计运行条件下持续地执行动态驾驶任务中的车辆横向或纵向运动控制，且具备与所执行的车辆横向或纵向运动控制相适应的部分目标和事件探测与响应的能力。

2 级驾驶自动化（组合驾驶辅助，combined driver assistance）系统在其设计运行条件下持续地执行动态驾驶任务中的车辆横向和纵向运动控制，且具备与所执行的车辆横向和纵向运动控制相适应的部分目标和事件探测与响应的能力。

3 级驾驶自动化（有条件自动驾驶，conditionally automated driving）系统在其设计运行条件下持续地执行全部动态驾驶任务。

4 级驾驶自动化（高度自动驾驶，highly automated driving）系统在其设计运行条件下持续地执行全部动态驾驶任务并自动执行最小风险策略。

5 级驾驶自动化（完全自动驾驶，fully automated driving）系统在任何可行驶条件下持续地执行全部动态驾驶任务并自动执行最小风险策略。

参 考 文 献

[1] 赵振宁. 新能源汽车技术概述［M］. 北京：北京理工大学出版社，2016.
[2] 张之超，邹德伟. 新能源汽车驱动电机与控制技术［M］. 北京：北京理工大学出版社，2016.
[3] 黄志坚. 电动汽车结构原理应用［M］. 北京：化学工业出版社，2018.
[4] 王芳，夏军. 电动汽车动力电池系统设计与制造技术［M］. 北京：科学出版社，2019.
[5] 姜久春. 电动汽车充电技术及系统［M］. 北京：北京交通大学出版社，2017.
[6] 赵立军，佟钦智. 电动汽车结构与原理［M］. 北京：北京大学出版社，2012.
[7] 敖东光，宫英伟，陈荣梅. 电动汽车结构原理与检修［M］. 北京：机械工业出版社，2018.
[8] 王震坡，孙逢春，刘鹏. 电动汽车原理与应用技术［M］. 2版. 北京：机械工业出版社，2016.
[9] 曹砚奎. 电动汽车结构原理与维修［M］. 北京：化学工业出版社，2018.
[10] 周毅. 纯电动汽车电机及传动系统拆装与检测［M］. 北京：机械工业出版社，2018.
[11] 何泽刚. 纯电动汽车常见故障诊断与排除［M］. 北京：机械工业出版社，2018.
[12] 侯涛. 纯电动汽车结构与检修［M］. 北京：人民交通出版社，2018.

纯电动汽车构造与检修

任务工单

班级_____

姓名_____

学号_____

机械工业出版社

电动汽车概念和分类的认知　任务工单

任务名称	电动汽车概念和分类的认知		课时	2	班级	
小组成员			组长		组号	
实训设备			实训场地		任务成绩	
任务描述	小明家想买一辆新能源汽车,但是由于对目前市场上的纯电动汽车、混合动力电动汽车、燃料电池电动汽车了解并不多,所以想要咨询电动汽车的相关事宜,如何向小明介绍电动汽车呢?					
能力目标	① 掌握纯电动汽车的概念; ② 掌握纯电动汽车的分类; ③ 具备描述纯电动汽车特点的能力。					
资讯	通过自主学习及查阅相关资料,完成下列题目: 1. 电动汽车(Electric Vehicle,EV)是指以车载能源(或其他能源)为动力,用_____驱动车轮行驶,符合道路交通和安全法规各项要求的车辆。 2. 根据GB/T 19596—2017《电动汽车术语》这个国家推荐标准中的定义,电动汽车主要分为_____、_____、_____三种类型。 3. 纯电动汽车是驱动能量完全由电能提供的、由_____驱动的汽车。 4. 纯电动汽车的优点如下: 1) _____; 2) _____; 3) _____; 4) _____。					
决策与实施	请根据任务要求,确定所需要的检测仪器、工具,并对小组成员进行合理分工,制订拆检计划。 1. 需要的检测仪器、工具 2. 小组成员分工 					

(续)

决策与实施	3. 分小组实际操作 1）观察实训室中已有电动汽车的品牌、型号、属于哪一种电动汽车类型（纯电动、混合动力、燃料电池），并做相应记录： 1号电动汽车： ① 属于哪一类电动汽车：_____； ② 品牌：_____； ③ 型号：_____； ④ 其他技术参数：_____。 2号电动汽车： ① 属于哪一类电动汽车：_____； ② 品牌：_____； ③ 型号：_____； ④ 其他技术参数：_____。 3号电动汽车： ① 属于哪一类电动汽车：_____； ② 品牌：_____； ③ 型号：_____； ④ 其他技术参数：_____。 2）以小组为单位进行本次实训的汇报，并完成实训报告。 3）规整实训工具和实训场地，做好实训场地卫生。					

	评价指标		评分标准	组内自评	组间互评	教师评价
检查与评估	自学能力 社会能力 （40%）	线上学习 （10分）	已完成课前任务线上学习，得6分；未完成，不得分			
			线上成绩排名前20%，得4分；排名前20%~50%，得2分；排名前50%~80%，得1分；其余不得分			
		工作纪律 （30分）	按时出勤 （6分）			
			穿着工装 （6分）			
			课堂纪律 （6分）	依据课堂上的具体表现打分		
			课堂参与 （6分）			
			团队协作 （6分）			

电动汽车概念和分类的认知 任务工单

（续）

		评价指标	评分标准	组内自评	组间互评	教师评价
检查与评估	专业能力职业素养工匠精神(60%)	任务方案（10分）	依据小组拟定的任务方案科学性、规范性和可操作性情况打分：优秀9~10分，良好7~8分，一般4~6分，不合格0~3分			
		实施步骤（30分）	1.1号电动汽车相关参数观察与记录（10分）	依据小组在实施本步骤时规范性和科学性情况打分：优秀9~10分，良好7~8分，一般4~6分，不合格0~3分			
			2.2号电动汽车相关参数观察与记录（10分）	依据小组在实施本步骤时规范性和科学性情况打分：优秀9~10分，良好7~8分，一般4~6分，不合格0~3分			
			3.3号电动汽车相关参数观察与记录（10分）	依据小组在实施本步骤时规范性和科学性情况打分：优秀9~10分，良好7~8分，一般4~6分，不合格0~3分			
		完成结果（10分）	依据任务工单整体完成情况打分：优秀9~10分，良好7~8分，一般4~6分，不合格0~3分			
		5S管理（10分）	完成任一方面得2分，本项最高10分			
	本次得分					
	最终得分（组内自评30%+组间互评30%+教师评价40%）					

纯电动汽车结构的认知 任务工单

任务名称	纯电动汽车结构的认知	课时	2	班级	
小组成员			组长	组号	
实训设备			实训场地	任务成绩	
任务描述	经过之前给小明介绍的关于电动汽车的相关知识，他已经购买了一辆新能源汽车——北汽EV160。但是小明看着北汽EV160的前机舱，一脸茫然，希望得到一些解答，一辆纯电动汽车主要由哪些部分组成呢？这些部分各自又有什么功能呢？				
能力目标	① 掌握纯电动汽车的主要组成部件； ② 了解纯电动汽车的结构原理； ③ 了解典型的纯电动汽车。				
资讯	通过自主学习及查阅相关资料，完成下列题目： 1. 传统的内燃机汽车是由发动机、底盘、车身和电气设备四部分组成的。纯电动汽车主要结构由＿＿＿＿、汽车底盘、车身以及辅助装置等组成。 2. 电力驱动控制系统可分为＿＿＿＿、＿＿＿＿和＿＿＿＿三大部分。 3. 电力驱动模块主要包括＿＿＿＿、＿＿＿＿、＿＿＿＿、＿＿＿＿和＿＿＿＿五部分。 4. 车载电源模块主要由＿＿＿＿、＿＿＿＿和＿＿＿＿三部分组成。 5. 辅助模块主要包括＿＿＿＿、＿＿＿＿、驾驶室显示操纵台和各种辅助装置等。				
决策与实施	请根据任务要求，确定所需要的检测仪器、工具，并对小组成员进行合理分工，制订拆检计划。 1. 需要的检测仪器、工具 ＿＿＿＿＿＿＿＿＿＿＿＿＿＿＿＿＿＿＿＿＿＿＿＿＿＿＿＿＿＿＿＿＿＿＿＿ 2. 小组成员分工 ＿＿＿＿＿＿＿＿＿＿＿＿＿＿＿＿＿＿＿＿＿＿＿＿＿＿＿＿＿＿＿＿＿＿＿＿ 3. 分小组实际操作 1) 做好高压安全防护，断开高压蓄电池。根据任务实施情况，在括号里打对勾。 ① 绝缘手套是否完好：是＿＿＿＿ 否＿＿＿＿； ② 金属饰物是否去除：是＿＿＿＿ 否＿＿＿＿； ③ 12V蓄电池负极是否断开并用绝缘胶带缠绕：是＿＿＿＿ 否＿＿＿＿。 2) 指出实训车辆中电力驱动模块的中央控制单元、功率转换器和电机这些部件所在的具体位置，并说说它们各自的主要功能。 ① 中央控制单元主要功能：＿＿＿＿＿＿＿＿＿＿＿＿＿＿＿＿＿＿＿＿＿＿＿＿ ＿＿＿＿＿＿＿＿＿＿＿＿＿＿＿＿＿＿＿＿＿＿＿＿＿＿＿＿＿＿＿＿＿＿＿＿；				

（续）

				组内自评	组间互评	教师评价
决策与实施	② 功率转换器主要功能：＿＿＿； ③ 电机主要功能：＿＿。 3）指出实训车辆中车载电源模块的蓄电池电源、能量管理系统和充电控制器这三部分所在的具体位置，并说说它们各自的主要功能。 ① 蓄电池电源主要功能：＿＿； ② 能量管理系统主要功能：＿＿＿； ③ 充电控制器主要功能：＿＿。 4）以小组为单位进行本次实训的汇报，并完成实训报告。 5）规整实训工具和实训场地，做好实训场地卫生。					
检查与评估	评价指标		评分标准	组内自评	组间互评	教师评价
检查与评估	自学能力 社会能力 （40%）	线上学习 （10分）	已完成课前任务线上学习，得6分；未完成，不得分			
检查与评估	自学能力 社会能力 （40%）	线上学习 （10分）	线上成绩排名前20%，得4分；排名前20%~50%，得2分；排名前50%~80%，得1分；其余不得分			
检查与评估	自学能力 社会能力 （40%）	工作纪律 （10分）	按时出勤（2分）	依据课堂上的具体表现打分			
检查与评估	自学能力 社会能力 （40%）	工作纪律 （10分）	穿着工装（2分）	依据课堂上的具体表现打分			
检查与评估	自学能力 社会能力 （40%）	工作纪律 （10分）	课堂纪律（2分）	依据课堂上的具体表现打分			
检查与评估	自学能力 社会能力 （40%）	工作纪律 （10分）	课堂参与（2分）	依据课堂上的具体表现打分			
检查与评估	自学能力 社会能力 （40%）	工作纪律 （10分）	团队协作（2分）	依据课堂上的具体表现打分			
检查与评估	自学能力 社会能力 （40%）	安全操作 （20分）	安全防护（4分）	依据每个小组各组员在实际操作过程中的具体表现打分，其中仪器设备的不规范使用，按每人次扣2分计，扣完为止			
检查与评估	自学能力 社会能力 （40%）	安全操作 （20分）	人身设备事故（4分）	依据每个小组各组员在实际操作过程中的具体表现打分，其中仪器设备的不规范使用，按每人次扣2分计，扣完为止			
检查与评估	自学能力 社会能力 （40%）	安全操作 （20分）	高压安全操作（4分）	依据每个小组各组员在实际操作过程中的具体表现打分，其中仪器设备的不规范使用，按每人次扣2分计，扣完为止			
检查与评估	自学能力 社会能力 （40%）	安全操作 （20分）	规范使用仪器设备（8分）	依据每个小组各组员在实际操作过程中的具体表现打分，其中仪器设备的不规范使用，按每人次扣2分计，扣完为止			

（续）

	评价指标		评分标准	组内自评	组间互评	教师评价
检查与评估	专业能力职业素养工匠精神（60%）	任务方案（10分）	依据小组拟定的任务方案科学性、规范性和可操作性情况打分：优秀9~10分，良好7~8分，一般4~6分，不合格0~3分			
		实施步骤（30分）	1. 电力驱动模块部件认知（10分） 依据小组在实施本步骤时规范性和科学性情况打分：优秀9~10分，良好7~8分，一般4~6分，不合格0~3分			
			2. 车载电源模块部件认知（10分） 依据小组在实施本步骤时规范性和科学性情况打分：优秀9~10分，良好7~8分，一般4~6分，不合格0~3分			
			3. 纯电动汽车结构原理认知（10分） 依据小组在实施本步骤时规范性和科学性情况打分：优秀9~10分，良好7~8分，一般4~6分，不合格0~3分			
		完成结果（10分）	依据任务工单整体完成情况打分：优秀9~10分，良好7~8分，一般4~6分，不合格0~3分			
		5S管理（10分）	完成任一方面得2分，本项最高10分			
	本次得分					
	最终得分（组内自评30% + 组间互评30% + 教师评价40%）					

驱动电机系统的认知 任务工单

任务名称	驱动电机系统的认知	课时	4	班级	
小组成员		组长		组号	
实训设备		实训场地		任务成绩	
任务描述	某新能源汽车4S店新接收了一辆待维修车辆,车辆型号为北汽EV160,据车主反映,踩下加速踏板后,驱动电机不能正常工作。技师刘强首先委派学徒工王磊对驱动电机及电机控制器进行检查,发现是电机控制器的IGBT模块故障,要求王磊对电机控制器进行拆卸、更换并进行记录。				
能力目标	① 掌握驱动电机系统的组成; ② 掌握驱动电机的结构及关键部件; ③ 熟悉电机控制器的结构; ④ 熟悉驱动电机系统控制策略。				
资讯	通过自主学习及查阅相关资料,完成下列题目: 1. 纯电动汽车的_____与动力蓄电池系统、电控系统一同被称为纯电动汽车的三大核心系统。 2. 驱动电机系统主要由_____(DM)和_____(MCU)构成,并且通过高低压线束、冷却管路,与整车其他系统做电气和散热连接。 3. 电机是将_____转换成_____或将_____转换成_____的装置,它是具有能做相对运动的部件,是一种依靠电磁感应而运行的电气装置。 4. 电机控制器使用以下传感器来提供驱动电机系统的工作信息:_____、_____和_____。 5. 驱动电机系统的控制策略分为两种:①_____; ②_____。				
决策与实施	请根据任务要求,确定所需要的检测仪器、工具,并对小组成员进行合理分工,制订拆检计划。 1. 需要的检测仪器、工具 _____ 2. 小组成员分工 _____ 3. 分小组实际操作 1)做好高压安全防护,断开高压蓄电池。根据任务实施情况,在括号里打对勾。 ① 绝缘手套是否完好:是_____ 否_____; ② 金属饰物是否去除:是_____ 否_____; ③ 12V蓄电池负极是否断开并用绝缘胶带缠绕:是_____ 否_____。				

(续)

				组内自评	组间互评	教师评价
决策与实施	2）从实训整车上拆下驱动电机，并进一步对其进行拆解。观察并记录驱动电机主要零件有哪些： _____ 3）观察旋转变压器的外观，并了解它的工作原理。 4）观察电机控制器在实训整车上的位置，并拆下电机控制器。进一步拆解电机控制器。观察并记录电机控制器的主要零件有哪些： _____ 5）以小组为单位进行本次实训的汇报，并完成实训报告。 6）规整实训工具和实训场地，做好实训场地卫生。					
	评价指标			评分标准		
检查与评估	自学能力社会能力（40%）	线上学习（10分）		已完成课前任务线上学习，得6分；未完成，不得分		
				线上成绩排名前20%，得4分；排名前20%～50%，得2分；排名前50%～80%，得1分；其余不得分		
		工作纪律（10分）	按时出勤（2分）	依据课堂上的具体表现打分		
			穿着工装（2分）			
			课堂纪律（2分）			
			课堂参与（2分）			
			团队协作（2分）			
		安全操作（20分）	安全防护（4分）	依据每个小组各组员在实际操作过程中的具体表现打分，其中仪器设备的不规范使用，按每人次扣2分计，扣完为止		
			人身设备事故（4分）			
			高压安全操作（4分）			
			规范使用仪器设备（8分）			

（续）

	评价指标		评分标准	组内自评	组间互评	教师评价
检查与评估	专业能力职业素养工匠精神（60%）	任务方案（10分）	依据小组拟定的任务方案科学性、规范性和可操作性情况打分：优秀9~10分，良好7~8分，一般4~6分，不合格0~3分			
		实施步骤（30分） 1. 驱动电机拆卸及部件认知（10分）	依据小组在实施本步骤时规范性和科学性情况打分：优秀9~10分，良好7~8分，一般4~6分，不合格0~3分			
		2. 旋转变压器结构及原理认知（10分）	依据小组在实施本步骤时规范性和科学性情况打分：优秀9~10分，良好7~8分，一般4~6分，不合格0~3分			
		3. 电机控制器拆卸及部件认知（10分）	依据小组在实施本步骤时规范性和科学性情况打分：优秀9~10分，良好7~8分，一般4~6分，不合格0~3分			
		完成结果（10分）	依据任务工单整体完成情况打分：优秀9~10分，良好7~8分，一般4~6分，不合格0~3分			
		5S管理（10分）	完成任一方面得2分，本项最高10分			
	本次得分					
	最终得分（组内自评30%+组间互评30%+教师评价40%）					

驱动电机系统常见故障与检修　任务工单

任务名称	驱动电机系统常见故障与检修	课时	4	班级	
小组成员		组长		组号	
实训设备		实训场地		任务成绩	
任务描述	某新能源汽车 4S 店新接收了一辆待维修车辆，车辆型号为北汽 EV160，据车主反映，车辆存在驱动电机温度过高的现象。技师刘强首先委派学徒工王磊对驱动电机进行检查，发现故障码为 P0A2F98，要求王磊对电机本体进行拆卸、检查并进行记录。				
能力目标	① 掌握驱动电机系统温度保护功能； ② 掌握旋变故障； ③ 熟悉驱动电机的九种常见故障。				
资讯	通过自主学习及查阅相关资料，完成下列题目： 1. 驱动电机系统温度保护功能分为＿＿＿＿＿和＿＿＿＿＿两个方面。 2. 当控制器监测到驱动电机温度传感器显示：120℃≤温度＜140℃时，＿＿＿＿＿运行；温度≥140℃时，降功率至 0，即＿＿＿＿＿。 3. 当控制器监测到散热基板的板温度为：温度≥85℃时，＿＿＿＿＿，即停机。当控制器监测到散热基板的板温度为：85℃＞温度≥75℃时，＿＿＿＿＿。 4. ＿＿＿＿＿安装在驱动电机上，是一种电磁式传感器，又称为同步分解器，用来测量旋转物体的转轴角位移和角速度。 5. 在驱动电机系统的常见故障中，故障码 P114017 所对应的故障为＿＿＿＿＿。				
决策与实施	请根据任务要求，确定所需要的检测仪器、工具，并对小组成员进行合理分工，制订拆检计划。 1. 需要的检测仪器、工具 ＿＿＿＿＿ 2. 小组成员分工 ＿＿＿＿＿ 3. 分小组实际操作 1）做好高压安全防护，断开高压蓄电池。根据任务实施情况，在括号里打对勾。 ① 绝缘手套是否完好：是＿＿＿＿＿　否＿＿＿＿＿； ② 金属饰物是否去除：是＿＿＿＿＿　否＿＿＿＿＿； ③ 12V 蓄电池负极是否断开并用绝缘胶带缠绕：是＿＿＿＿＿　否＿＿＿＿＿。 2）用万用表测量电机旋变压器的阻值。观察并记录所测得线圈阻值： ① 正弦绕组阻值：＿＿＿＿＿；				

（续）

		评价指标		评分标准	组内自评	组间互评	教师评价
决策与实施				② 余弦绕组阻值：_____； ③ 励磁绕组阻值：_____。 根据上面测得的数据，判断是否超出正常范围：是_____ 否_____。 3）假如你是王磊，对于驱动电机系统常见故障码P0A2F98，回答下列问题： ① 你判断该车的故障是_____； ② 故障可能原因为_____ _____； ③ 对应的解决方法为_____ _____。 4）以小组为单位进行本次实训的汇报，并完成实训报告。 5）规整实训工具和实训场地，做好实训场地卫生。			
检查与评估	自学能力 社会能力 (40%)	线上学习 (10分)		已完成课前任务线上学习，得6分；未完成，不得分			
				线上成绩排名前20%，得4分；排名前20%~50%，得2分；排名前50%~80%，得1分；其余不得分			
		工作纪律 (10分)	按时出勤 (2分)	依据课堂上的具体表现打分			
			穿着工装 (2分)				
			课堂纪律 (2分)				
			课堂参与 (2分)				
			团队协作 (2分)				
		安全操作 (20分)	安全防护 (4分)	依据每个小组各组员在实际操作过程中的具体表现打分，其中仪器设备的不规范使用，按每人次扣2分计，扣完为止			
			人身设备事故 (4分)				
			高压安全操作 (4分)				
			规范使用仪器设备 (8分)				

（续）

		评价指标	评分标准	组内自评	组间互评	教师评价
检查与评估	专业能力 职业素养 工匠精神 (60%)	任务方案（10分）	依据小组拟定的任务方案科学性、规范性和可操作性情况打分：优秀9~10分，良好7~8分，一般4~6分，不合格0~3分			
		实施步骤（30分） 1. 电机系统温度保护功能认知（10分）	依据小组在实施本步骤时规范性和科学性情况打分：优秀9~10分，良好7~8分，一般4~6分，不合格0~3分			
		2. 旋转变压器故障检测与排除（10分）	依据小组在实施本步骤时规范性和科学性情况打分：优秀9~10分，良好7~8分，一般4~6分，不合格0~3分			
		3. 驱动电机的九种常见故障诊断（10分）	依据小组在实施本步骤时规范性和科学性情况打分：优秀9~10分，良好7~8分，一般4~6分，不合格0~3分			
		完成结果（10分）	依据任务工单整体完成情况打分：优秀9~10分，良好7~8分，一般4~6分，不合格0~3分			
		5S管理（10分）	完成任一方面得2分，本项最高10分			
	本次得分					
	最终得分（组内自评30%+组间互评30%+教师评价40%）					

动力蓄电池系统的认知 任务工单

任务名称	动力蓄电池系统的认知	课时	4	班级	
小组成员		组长		组号	
实训设备		实训场地		任务成绩	
任务描述	某新能源汽车4S店新接收了一辆待维修车辆,车辆型号为北汽EV160,据车主反映,车辆行驶里程严重下降。技师刘强接车后,通过检测怀疑动力蓄电池包3号电池模组发生损坏,安排学徒工王磊配合拆卸动力蓄电池包,王磊刚接触电动汽车不久,正好借此机会学习动力蓄电池包拆装的注意事项和拆装方法。					
能力目标	① 了解动力蓄电池的作用、类型与特点; ② 掌握动力蓄电池包的拆装注意事项; ③ 掌握动力蓄电池包的拆卸和安装方法。					
资讯	通过自主学习及查阅相关资料,完成下列题目: 1. 电动汽车动力蓄电池系统由_____、_____、_____和_____等组成。 2. 锂离子蓄电池属于能反复充电、放电的_____电池。 3. 铅酸蓄电池的比能量为_____W·h/kg,镍氢电池的比能量为_____W·h/kg;锂离子蓄电池的比能量为_____W·h/kg。 4. 锂离子蓄电池按照正极材料的不同可以分为_____、_____、_____和_____等四种类型。					
决策与实施	请根据任务要求,确定所需要的检测仪器、工具,并对小组成员进行合理分工,制订动力蓄电池拆装计划。 1. 需要的检测仪器、工具 2. 小组成员分工 3. 分小组实际操作 1) 做好高压安全防护,断开高压蓄电池。根据任务实施情况,在括号里打对勾。 ① 绝缘手套是否完好:是_____ 否_____; ② 金属饰物是否去除:是_____ 否_____; ③ 12V蓄电池负极是否断开并用绝缘胶带缠绕:是_____ 否_____。					

（续）

		评价指标		评分标准	组内自评	组间互评	教师评价
决策与实施		2）举升车辆至合适高度，按下举升机紧急开关。 3）动力蓄电池包专用举升车上升接触到动力蓄电池包底部，拆卸动力蓄电池包线束和动力蓄电池包螺栓，拆卸步骤：＿＿＿＿＿＿＿＿＿＿＿＿＿＿＿＿＿＿＿＿＿＿ ＿＿＿＿＿＿＿＿＿＿＿＿＿＿＿＿＿＿＿＿＿＿＿＿＿＿＿＿＿＿＿＿＿＿＿ 4）拆卸完成，降下动力蓄电池包专用举升车，对动力蓄电池包外观进行检查。 5）按照相反顺序，安装动力蓄电池包并恢复车辆状态。 6）以小组为单位进行本次实训的汇报，并完成实训报告。 7）规整实训工具和实训场地，做好实训场地卫生。					
检查与评估	自学能力社会能力(40%)	线上学习(10分)		已完成课前任务线上学习，得6分；未完成，不得分			
				线上成绩排名前20%，得4分；排名前20%～50%，得2分；排名前50%～80%，得1分；其余不得分			
		工作纪律(10分)	按时出勤(2分)	依据课堂上的具体表现打分			
			穿着工装(2分)				
			课堂纪律(2分)				
			课堂参与(2分)				
			团队协作(2分)				
		安全操作(20分)	安全防护(4分)	依据每个小组各组员在实际操作过程中的具体表现打分，其中仪器设备的不规范使用，按每人次扣2分计，扣完为止			
			人身设备事故(4分)				
			高压安全操作(4分)				
			规范使用仪器设备(8分)				

动力蓄电池系统的认知 任务工单

（续）

	评价指标			评分标准	组内自评	组间互评	教师评价
检查与评估	专业能力职业素养工匠精神（60%）		任务方案（10分）	依据小组拟定的任务方案科学性、规范性和可操作性情况打分：优秀9~10分，良好7~8分，一般4~6分，不合格0~3分			
		实施步骤（30分）	1. 断开高压操作过程（10分）	依据小组在实施本步骤时规范性和科学性情况打分：优秀9~10分，良好7~8分，一般4~6分，不合格0~3分			
			2. 举升机操作和动力蓄电池包举升车操作（10分）	依据小组在实施本步骤时规范性和科学性情况打分：优秀9~10分，良好7~8分，一般4~6分，不合格0~3分			
			3. 动力蓄电池包连接线束拆卸（10分）	依据小组在实施本步骤时规范性和科学性情况打分：优秀9~10分，良好7~8分，一般4~6分，不合格0~3分			
		完成结果（10分）		依据任务工单整体完成情况打分：优秀9~10分，良好7~8分，一般4~6分，不合格0~3分			
		5S管理（10分）		完成任一方面得2分，本项最高10分			
	本次得分						
	最终得分（组内自评30% + 组间互评30% + 教师评价40%）						

动力蓄电池系统的结构与原理 任务工单

任务名称	动力蓄电池系统的结构与原理	课时	4	班级	
小组成员		组长		组号	
实训设备		实训场地		任务成绩	
任务描述	要对动力蓄电池系统进行检修,必须先掌握动力蓄电池系统的结构和工作原理。锂离子蓄电池是目前各大电动汽车生产企业普遍使用的动力蓄电池,本节以锂离子蓄电池为对象,理解并掌握锂离子蓄电池的结构原理、锂离子蓄电池组的系统组成和连接关系。					
能力目标	① 熟悉锂离子单体电芯的结构和原理; ② 掌握动力蓄电池系统的结构。					
资讯	通过自主学习及查阅相关资料,完成下列题目: 1. 锂离子蓄电池单体由_____、_____、_____和外壳等组成。 2. 锂离子蓄电池的正极活性物质为_____,负极活性物质为_____。 3. 锂离子蓄电池的充放电过程实质上是锂离子的脱出、嵌入过程,因此通常形象地把锂离子蓄电池称为_____。 4. 北汽 EV160 的锂离子蓄电池组由_____单体串联而成,蓄电池组容量为_____,总能量为_____。					
决策与实施	请根据任务要求,确定所需要的检测仪器、工具,并对小组成员进行合理分工,制订动力蓄电池拆装计划。 1. 需要的检测仪器、工具 2. 小组成员分工 3. 分小组实际操作 以北汽 EV160 为实训对象,对动力蓄电池组结构原理进行认知。 1) 锂离子蓄电池组参数认知。 总电压_____,容量_____,功率_____,电池类型_____。 2) 锂离子蓄电池组的结构认知。 锂离子蓄电池模组数目_____,锂离子蓄电池单体数目_____,锂离子蓄电池连接形式_____。					

（续）

决策与实施	3）测量电池单体电压，操作步骤及数据记录。 4）以小组为单位进行本次实训的汇报，并完成实训报告。 5）规整实训工具和实训场地，做好实训场地卫生。						
检查与评估	评价指标			评分标准	组内自评	组间互评	教师评价
	自学能力 社会能力 （40%）	线上学习 （10分）		已完成课前任务线上学习，得6分；未完成，不得分			
				线上成绩排名前20%，得4分；排名前20%～50%，得2分；排名前50%～80%，得1分；其余不得分			
		工作纪律 （10分）	按时出勤 （2分）	依据课堂上的具体表现打分			
			穿着工装 （2分）				
			课堂纪律 （2分）				
			课堂参与 （2分）				
			团队协作 （2分）				
		安全操作 （20分）	安全防护 （4分）	依据每个小组各组员在实际操作过程中的具体表现打分，其中仪器设备的不规范使用，按每人次扣2分计，扣完为止			
			人身设备事故 （4分）				
			高压安全操作 （4分）				
			规范使用仪器设备 （8分）				

纯电动汽车构造与检修任务工单

（续）

评价指标			评分标准	组内自评	组间互评	教师评价
检查与评估	专业能力 职业素养 工匠精神 （60%）	任务方案（10分）	依据小组拟定的任务方案科学性、规范性和可操作性情况打分：优秀9~10分，良好7~8分，一般4~6分，不合格0~3分			
		实施步骤（30分） 1. 锂离子蓄电池组参数认知（10分）	依据小组在实施本步骤时规范性和科学性情况打分：优秀9~10分，良好7~8分，一般4~6分，不合格0~3分			
		实施步骤（30分） 2. 锂离子蓄电池组的结构认知（10分）	依据小组在实施本步骤时规范性和科学性情况打分：优秀9~10分，良好7~8分，一般4~6分，不合格0~3分			
		实施步骤（30分） 3. 电池单体电压测量（10分）	依据小组在实施本步骤时规范性和科学性情况打分：优秀9~10分，良好7~8分，一般4~6分，不合格0~3分			
		完成结果（10分）	依据任务工单整体完成情况打分：优秀9~10分，良好7~8分，一般4~6分，不合格0~3分			
		5S管理（10分）	完成任一方面得2分，本项最高10分			
	本次得分					
	最终得分（组内自评30%+组间互评30%+教师评价40%）					

18

动力蓄电池系统的故障与检修　任务工单

任务名称	动力蓄电池系统的故障与检修	课时	4	班级	
小组成员		组长		组号	
实训设备		实训场地		任务成绩	
任务描述	某新能源4S店接收了一辆故障车，据车主反映，车辆在行驶过程中仪表提示动力系统故障，然后车辆失去动力造成停车。技师刘强接车后，连接故障诊断仪，读取到P0004故障，结合维修手册，为单体电压过电压故障，结合故障提示对动力蓄电池系统进行检测并排除动力蓄电池的故障。					
能力目标	① 掌握动力蓄电池的故障显示和故障指示灯的含义； ② 掌握动力蓄电池系统的常见故障； ③ 掌握动力蓄电池系统的故障检修方法。					
资讯	通过自主学习及查阅相关资料，完成下列题目： 1. 动力蓄电池故障根据故障严重程度分为_____、_____和_____。 2. 动力蓄电池一级故障包括_____、_____、_____和_____。 3. 动力蓄电池二级故障包括_____、_____、_____、_____、_____和_____。 4. 动力蓄电池三级故障包括_____、_____、_____和_____。 5. 当BMS上报一级故障时，表明_____。					
决策与实施	请根据任务要求，确定所需要的检测仪器、工具，并对小组成员进行合理分工，制订动力蓄电池拆装计划。 1. 需要的检测仪器、工具 _____ 2. 小组成员分工 _____ 3. 分小组实际操作 以北汽EV160为实训对象，对动力蓄电池组进行故障检修。 1) 确认并记录车辆故障现象。 _____					

（续）

				组内自评	组间互评	教师评价
决策与实施	2）利用专用故障诊断仪读取故障码，记录操作步骤和故障码及故障含义。 3）根据故障提示对动力蓄电池故障进行排除，记录分析思路和排除过程。 4）以小组为单位进行本次实训的汇报，并完成实训报告。 5）规整实训工具和实训场地，做好实训场地卫生。					
	评价指标			评分标准		
检查与评估	自学能力社会能力（40%）	线上学习（10分）		已完成课前任务线上学习，得6分；未完成，不得分		
				线上成绩排名前20%，得4分；排名前20%~50%，得2分；排名前50%~80%，得1分；其余不得分		
		工作纪律（10分）	按时出勤（2分）	依据课堂上的具体表现打分		
			穿着工装（2分）			
			课堂纪律（2分）			
			课堂参与（2分）			
			团队协作（2分）			
		安全操作（20分）	安全防护（4分）	依据每个小组各组员在实际操作过程中的具体表现打分，其中仪器设备的不规范使用，按每人次扣2分计，扣完为止		
			人身设备事故（4分）			
			高压安全操作（4分）			
			规范使用仪器设备（8分）			

（续）

		评价指标		评分标准	组内自评	组间互评	教师评价
检查与评估	专业能力职业素养工匠精神（60%）	任务方案（10分）		依据小组拟定的任务方案科学性、规范性和可操作性情况打分：优秀9~10分，良好7~8分，一般4~6分，不合格0~3分			
		实施步骤（30分）	1. 确认并记录故障现象（10分）	依据小组在实施本步骤时规范性和科学性情况打分：优秀9~10分，良好7~8分，一般4~6分，不合格0~3分			
			2. 读取并记录故障码（10分）	依据小组在实施本步骤时规范性和科学性情况打分：优秀9~10分，良好7~8分，一般4~6分，不合格0~3分			
			3. 动力蓄电池故障分析及故障排除（10分）	依据小组在实施本步骤时规范性和科学性情况打分：优秀9~10分，良好7~8分，一般4~6分，不合格0~3分			
		完成结果（10分）		依据任务工单整体完成情况打分：优秀9~10分，良好7~8分，一般4~6分，不合格0~3分			
		5S管理（10分）		完成任一方面得2分，本项最高10分			
	本次得分						
	最终得分（组内自评30% + 组间互评30% + 教师评价40%）						

高压线束的认知　任务工单

任务名称	高压线束的认知	课时	4	班级	
小组成员		组长		组号	
实训设备		实训场地		任务成绩	
任务描述	某新能源汽车4S店新接收了一辆待维修车辆，车辆型号为北汽EV160，据车主反映，车辆存在整车无法放电现象。技师刘强首先委派学徒工王磊对动力蓄电池及高压线束系统进行检查，发现是高压控制盒无法接收到动力蓄电池的高压电，要求王磊对动力蓄电池高压线束进行拆卸、更换并进行记录，此外对其余高压线束一并检测排除故障。					
能力目标	① 能够安全规范拆卸五段高压线束； ② 能够认识并且检测高压线束的针脚。					
资讯	通过自主学习及查阅相关资料，完成下列题目： 1. 电动汽车上高压线束颜色一般均为_____，代表警告，注意安全的意思。 2. 北汽EV160整车上共有五段高压线束，分别为_____、_____、_____、_____和_____。 3. 高压附件线束也称为高压线束总成，是连接高压控制盒到_____、_____、_____之间的线束。 4. 电机控制器电缆接高压控制盒端有A、B、C、D四个脚位，分别是_____、_____、_____、_____。					
决策与实施	请根据任务要求，确定所需要的检测仪器、工具，并对小组成员进行合理分工，制订拆检计划。 1. 需要的检测仪器、工具 2. 小组成员分工 3. 分小组实际操作 1) 做好高压安全防护，断开高压蓄电池。根据任务实施情况，在括号里打对勾。 ① 绝缘手套是否完好：是_____　否_____； ② 金属饰物是否去除：是_____　否_____； ③ 12V蓄电池负极是否断开，并用绝缘胶带缠绕：是_____　否_____。					

高压线束的认知 任务工单

（续）

		评价指标		评分标准	组内自评	组间互评	教师评价

决策与实施：

2）从实训整车上拆下五段高压线束，观察并记录这些高压线束的拆卸方法。
_____
_____

3）进一步观察并记录这些高压线两端连接的部件。
_____
_____

4）观察并记录这五段高压线束各针脚脚位的定义。
_____
_____

5）以小组为单位进行本次实训的汇报，并完成实训报告。
6）规整实训工具和实训场地，做好实训场地卫生。

检查与评估：

评价指标			评分标准	组内自评	组间互评	教师评价
自学能力 社会能力 (40%)	线上学习 (10分)		已完成课前任务线上学习，得6分；未完成，不得分			
			线上成绩排名前20%，得4分；排名前20%~50%，得2分；排名前50%~80%，得1分；其余不得分			
	工作纪律 (10分)	按时出勤 (2分)	依据课堂上的具体表现打分			
		穿着工装 (2分)				
		课堂纪律 (2分)				
		课堂参与 (2分)				
		团队协作 (2分)				
	安全操作 (20分)	安全防护 (4分)	依据每个小组各组员在实际操作过程中的具体表现打分，其中仪器设备的不规范使用，按每人次扣2分计，扣完为止			
		人身设备事故 (4分)				
		高压安全操作 (4分)				
		规范使用仪器设备 (8分)				

(续)

	评价指标		评分标准	组内自评	组间互评	教师评价
检查与评估	专业能力职业素养工匠精神（60%）	任务方案（10分）	依据小组拟定的任务方案科学性、规范性和可操作性情况打分：优秀9~10分，良好7~8分，一般4~6分，不合格0~3分			
		实施步骤（30分） 1. 动力蓄电池高压电缆和电机控制器电缆认知与拆卸（10分）	依据小组在实施本步骤时规范性和科学性情况打分：优秀9~10分，良好7~8分，一般4~6分，不合格0~3分			
		2. 快充线束和慢充线束的认知与拆卸（10分）	依据小组在实施本步骤时规范性和科学性情况打分：优秀9~10分，良好7~8分，一般4~6分，不合格0~3分			
		3. 高压附件线束的认知与拆卸（10分）	依据小组在实施本步骤时规范性和科学性情况打分：优秀9~10分，良好7~8分，一般4~6分，不合格0~3分			
		完成结果（10分）	依据任务工单整体完成情况打分：优秀9~10分，良好7~8分，一般4~6分，不合格0~3分			
		5S管理（10分）	完成任一方面得2分，本项最高10分			
	本次得分					
	最终得分（组内自评30% + 组间互评30% + 教师评价40%）					

高压控制盒的认知与拆卸　任务工单

任务名称	高压控制盒的认知与拆卸		课时	4	班级	
小组成员			组长		组号	
实训设备			实训场地		任务成绩	
任务描述	某新能源汽车4S店新接收了一辆待维修车辆，车辆型号为北汽EV160，据车主反映，车辆存在空调无法出热风现象。技师刘强首先委派学徒工王磊对空调加热系统涉及的高压部件进行检查，发现是高压控制盒的PTC控制板故障，要求王磊对高压控制盒进行拆卸、更换并进行记录。					
能力目标	① 能够安全规范地将高压控制盒从整车上拆卸下来； ② 能够安全规范地将高压控制盒拆解； ③ 能够正确检测高压控制盒内部熔断器的通断。					
资讯	通过自主学习及查阅相关资料，完成下列题目： 1. 高压控制盒的主要功用是完成＿＿＿＿＿＿的输出及分配，实现对＿＿＿＿＿＿的保护及切断。 2. 动力蓄电池将＿＿＿＿＿＿＿＿＿＿输出至高压控制盒。高压控制盒将直流高压分配给＿＿＿＿＿＿、＿＿＿＿＿＿、＿＿＿＿＿＿和＿＿＿＿＿＿等。 3. 高压控制盒内部组成部件为＿＿＿＿＿＿＿，保护四个分流高压部件的＿＿＿＿＿＿＿，保护高压控制盒的＿＿＿＿＿＿＿等。 4. 高压控制盒有五个接插件接口，分别为＿＿＿＿＿＿、＿＿＿＿＿＿、＿＿＿＿＿＿、＿＿＿＿＿＿和＿＿＿＿＿＿。					
决策与实施	请根据任务要求，确定所需要的检测仪器、工具，并对小组成员进行合理分工，制订拆检计划。 1. 需要的检测仪器、工具 2. 小组成员分工 3. 分小组实际操作 1) 做好高压安全防护，断开高压蓄电池。根据任务实施情况，在括号里打对勾。 ① 绝缘手套是否完好：是＿＿＿＿＿＿　否＿＿＿＿＿＿； ② 金属饰物是否去除：是＿＿＿＿＿＿　否＿＿＿＿＿＿； ③ 12V蓄电池负极是否断开，并用绝缘胶带缠绕：是＿＿＿＿＿＿　否＿＿＿＿＿＿。					

（续）

				组内自评	组间互评	教师评价

<table>
<tr><td rowspan="2">决策与实施</td><td colspan="6">2）从实训整车上拆下高压控制盒，观察并记录高压控制盒的拆卸步骤及拆卸方法。
_____
_____

3）将拆卸下来的高压控制盒进行进一步的内部拆解，观察并记录高压控制盒内部有哪些零部件。
_____
_____

4）正确检测高压控制盒内部熔断器的通断，观察并记录每个熔断器的最大允许电流以及是否完好。
_____
_____</td></tr>
<tr><td colspan="6">5）以小组为单位进行本次实训的汇报，并完成实训报告。
6）规整实训工具和实训场地，做好实训场地卫生。</td></tr>
</table>

	评价指标		评分标准	组内自评	组间互评	教师评价
检查与评估	自学能力社会能力（40%）	线上学习（10分）	已完成课前任务线上学习，得6分；未完成，不得分			
			线上成绩排名前20%，得4分；排名前20%~50%，得2分；排名前50%~80%，得1分；其余不得分			
		工作纪律（10分）	按时出勤（2分）	依据课堂上的具体表现打分			
			穿着工装（2分）				
			课堂纪律（2分）				
			课堂参与（2分）				
			团队协作（2分）				
		安全操作（20分）	安全防护（4分）	依据每个小组各组员在实际操作过程中的具体表现打分，其中仪器设备的不规范使用，按每人次扣2分计，扣完为止			
			人身设备事故（4分）				
			高压安全操作（4分）				
			规范使用仪器设备（8分）				

高压控制盒的认知与拆卸　任务工单

（续）

评价指标			评分标准	组内自评	组间互评	教师评价
检查与评估	专业能力 职业素养 工匠精神 （60%）	任务方案（10分）	依据小组拟定的任务方案科学性、规范性和可操作性情况打分：优秀9~10分，良好7~8分，一般4~6分，不合格0~3分			
		实施步骤（30分） 1. 在实训整车上拆卸高压控制盒（10分）	依据小组在实施本步骤时规范性和科学性情况打分：优秀9~10分，良好7~8分，一般4~6分，不合格0~3分			
		2. 高压控制盒内部拆解与结构的认知（10分）	依据小组在实施本步骤时规范性和科学性情况打分：优秀9~10分，良好7~8分，一般4~6分，不合格0~3分			
		3. 高压控制盒内部熔断器的通断检测与最大电流记录（10分）	依据小组在实施本步骤时规范性和科学性情况打分：优秀9~10分，良好7~8分，一般4~6分，不合格0~3分			
		完成结果（10分）	依据任务工单整体完成情况打分：优秀9~10分，良好7~8分，一般4~6分，不合格0~3分			
		5S管理（10分）	完成任一方面得2分，本项最高10分			
	本次得分					
	最终得分（组内自评30% + 组间互评30% + 教师评价40%）					

DC-DC 转换器的认知与拆卸　任务工单

任务名称	DC-DC 转换器的认知与拆卸	课时	4	班级	
小组成员		组长		组号	
实训设备		实训场地		任务成绩	
任务描述	某新能源汽车 4S 店新接收了一辆待维修车辆，车辆型号为北汽 EV160，据车主反映，车辆存在无法起动的现象。技师刘强首先委派学徒工王磊对动力蓄电池系统、常电电池进行检查，发现是 12V 蓄电池亏电，经进一步检查，发现 DC-DC 转换器没有输出电压。要求王磊对 DC-DC 转换器进行拆卸、更换并进行记录。				
能力目标	① 能够安全规范地将 DC-DC 转换器从整车上拆卸下来； ② 能够掌握 DC-DC 转换器四个接口每个脚位的定义； ③ 能够掌握正确判断 DC-DC 转换器正常工作的方法。				
资讯	通过自主学习及查阅相关资料，完成下列题目： 1. DC-DC 转换器的主要功用是将_____电转换为_____电，给整车低压用电系统供电。 2. DC-DC 转换器共有四个接口，依次为_____、_____、_____、_____。 3. DC-DC 转换器高压输入端的 A 脚为_____，B 脚为_____，中间为_____。 4. DC-DC 转换器低压控制端的 A 脚为_____，B 脚为_____，B 脚连接的是故障线，当出现故障时，使用万用表可以测得_____V 的高电平，正常时为_____。				
决策与实施	请根据任务要求，确定所需要的检测仪器、工具，并对小组成员进行合理分工，制订拆检计划。 1. 需要的检测仪器、工具 _____ 2. 小组成员分工 _____ 3. 分小组实际操作 1）做好高压安全防护，断开高压蓄电池。根据任务实施情况，在括号里打对勾。 ① 绝缘手套是否完好：是_____ 否_____； ② 金属饰物是否去除：是_____ 否_____； ③ 12V 蓄电池负极是否断开，并用绝缘胶带缠绕：是_____ 否_____。				

DC-DC 转换器的认知与拆卸　任务工单

（续）

		评价指标		评分标准	组内自评	组间互评	教师评价
决策与实施	2）从实训整车上拆下 DC-DC 转换器，观察并记录 DC-DC 转换器拆卸步骤及拆卸方法。 3）进一步观察并记录 DC-DC 转换器的外观特点。 4）讨论检测 DC-DC 转换器是否正常工作的流程及方法，观察并记录操作步骤以及记录数据。 5）以小组为单位进行本次实训的汇报，并完成实训报告。 6）规整实训工具和实训场地，做好实训场地卫生。						
检查与评估	自学能力社会能力（40%）	线上学习（10 分）		已完成课前任务线上学习，得 6 分；未完成，不得分			
				线上成绩排名前 20%，得 4 分；排名前 20%～50%，得 2 分；排名前 50%～80%，得 1 分；其余不得分			
		工作纪律（10 分）	按时出勤（2 分）	依据课堂上的具体表现打分			
			穿着工装（2 分）				
			课堂纪律（2 分）				
			课堂参与（2 分）				
			团队协作（2 分）				
		安全操作（20 分）	安全防护（4 分）	依据每个小组各组员在实际操作过程中的具体表现打分，其中仪器设备的不规范使用，按每人次扣 2 分计，扣完为止			
			人身设备事故（4 分）				
			高压安全操作（4 分）				
			规范使用仪器设备（8 分）				

(续)

检查与评估	评价指标		评分标准	组内自评	组间互评	教师评价
检查与评估	专业能力 职业素养 工匠精神 (60%)	任务方案 (10分)	依据小组拟定的任务方案科学性、规范性和可操作性情况打分：优秀9~10分，良好7~8分，一般4~6分，不合格0~3分			
		实施步骤 (30分)	1. 在实训整车上拆卸DC-DC转换器 (10分)	依据小组在实施本步骤时规范性和科学性情况打分：优秀9~10分，良好7~8分，一般4~6分，不合格0~3分			
			2. DC-DC转换器外观以及接口认知 (10分)	依据小组在实施本步骤时规范性和科学性情况打分：优秀9~10分，良好7~8分，一般4~6分，不合格0~3分			
			3. 检测DC-DC转换器是否正常工作的操作流程及方法 (10分)	依据小组在实施本步骤时规范性和科学性情况打分：优秀9~10分，良好7~8分，一般4~6分，不合格0~3分			
		完成结果 (10分)	依据任务工单整体完成情况打分：优秀9~10分，良好7~8分，一般4~6分，不合格0~3分			
		5S管理 (10分)	完成任一方面得2分，本项最高10分			
	本次得分					
	最终得分 (组内自评30% + 组间互评30% + 教师评价40%)					

车载充电机的认知与拆卸　任务工单

任务名称	车载充电机的认知与拆卸	课时	4	班级	
小组成员			组长	组号	
实训设备			实训场地	任务成绩	
任务描述	某新能源汽车4S店新接收了一辆待维修车辆，车辆型号为北汽EV160，据车主反映，车辆存在充电后动力蓄电池电量没有增加的现象。技师刘强首先委派学徒工王磊对动力蓄电池系统、充电系统进行检查，发现是车载充电机没有输出充电电压的问题。要求王磊对车载充电机进行拆卸、更换并进行记录。					
能力目标	① 能够安全规范地将车载充电机从整车上拆卸下来； ② 能够掌握车载充电机三个端口各个脚位的定义。					
资讯	通过自主学习及查阅相关资料，完成下列题目： 1. 电动汽车车载充电机的功用就是将＿＿＿＿＿转换为动力蓄电池的＿＿＿＿＿，实现动力蓄电池电量的补给。 2. 车载充电机主要由＿＿＿＿＿、＿＿＿＿＿、＿＿＿＿＿、＿＿＿＿＿、＿＿＿＿＿和＿＿＿＿＿等部件组成。 3. 车载充电机的后端有三个接插件，分别为T16b接插件（即＿＿＿＿＿端，连接至＿＿＿＿＿）、HT4a接插件（即＿＿＿＿＿，连接至＿＿＿＿＿）和HT6a接插件（即＿＿＿＿＿，连接至＿＿＿＿＿）。 4. 车载充电机交流输入端各个脚位定义为： 1脚：＿＿＿＿＿；2脚：＿＿＿＿＿；3脚：＿＿＿＿＿； 4脚：＿＿＿＿＿；5脚：＿＿＿＿＿；6脚：＿＿＿＿＿。					
决策与实施	请根据任务要求，确定所需要的检测仪器、工具，并对小组成员进行合理分工，制订拆检计划。 1. 需要的检测仪器、工具 2. 小组成员分工 3. 分小组实际操作 1）做好高压安全防护，断开高压蓄电池。根据任务实施情况，在括号里打对勾。 ① 绝缘手套是否完好：是＿＿＿＿　否＿＿＿＿； ② 金属饰物是否去除：是＿＿＿＿　否＿＿＿＿； ③ 12V蓄电池负极是否断开，并用绝缘胶带缠绕：是＿＿＿＿　否＿＿＿＿。					

(续)

		评价指标		评分标准	组内自评	组间互评	教师评价
决策与实施	\multicolumn{7}{l}{2）从实训整车上拆下车载充电机，观察并记录车载充电机拆卸步骤及拆卸方法。 3）观察并记录车载充电机三个端口分别连接至哪个部件。 4）将拆卸下来的车载充电机进一步拆解，进一步观察并记录车载充电机内部的结构部件。 5）以小组为单位进行本次实训的汇报，并完成实训报告。 6）规整实训工具和实训场地，做好实训场地卫生。}					
检查与评估	自学能力社会能力(40%)	线上学习(10分)		已完成课前任务线上学习，得6分；未完成，不得分			
				线上成绩排名前20%，得4分；排名前20%～50%，得2分；排名前50%～80%，得1分；其余不得分			
		工作纪律(10分)	按时出勤(2分)	依据课堂上的具体表现打分			
			穿着工装(2分)				
			课堂纪律(2分)				
			课堂参与(2分)				
			团队协作(2分)				
		安全操作(20分)	安全防护(4分)	依据每个小组各组员在实际操作过程中的具体表现打分，其中仪器设备的不规范使用，按每人次扣2分计，扣完为止			
			人身设备事故(4分)				
			高压安全操作(4分)				
			规范使用仪器设备(8分)				

车载充电机的认知与拆卸 任务工单

（续）

		评价指标	评分标准	组内自评	组间互评	教师评价
检查与评估	专业能力 职业素养 工匠精神 （60%）	任务方案（10分）	依据小组拟定的任务方案科学性、规范性和可操作性情况打分：优秀9~10分，良好7~8分，一般4~6分，不合格0~3分			
		实施步骤（30分） 1. 在实训整车上拆卸车载充电机（10分）	依据小组在实施本步骤时规范性和科学性情况打分：优秀9~10分，良好7~8分，一般4~6分，不合格0~3分			
		2. 车载充电机三个端口认知（10分）	依据小组在实施本步骤时规范性和科学性情况打分：优秀9~10分，良好7~8分，一般4~6分，不合格0~3分			
		3. 车载充电机进一步拆解及内部结构的认知（10分）	依据小组在实施本步骤时规范性和科学性情况打分：优秀9~10分，良好7~8分，一般4~6分，不合格0~3分			
		完成结果（10分）	依据任务工单整体完成情况打分：优秀9~10分，良好7~8分，一般4~6分，不合格0~3分			
		5S管理（10分）	完成任一方面得2分，本项最高10分			
	本次得分					
	最终得分（组内自评30%+组间互评30%+教师评价40%）					

高压互锁电路的认知与故障排查　任务工单

任务名称	高压互锁电路的认知与故障排查		课时	4	班级	
小组成员			组长		组号	
实训设备			实训场地		任务成绩	
任务描述	某新能源汽车4S店新接收了一辆待维修车辆，车辆型号为北汽EV160，据车主反映，车辆存在仪表盘显示整车高压故障的现象。技师刘强首先委派学徒工王磊对车辆高压系统部件及接插件进行检查，发现有接插件未插到位。要求王磊对所有高压系统部件及接插件进行逐一检查，排除高压互锁的故障并进行记录。					
能力目标	① 能够熟悉常见高压互锁电路的故障现象； ② 能够掌握高压互锁电路高低压插件未插到位或断开故障的排除方法； ③ 能够掌握高压互锁电路高压部件互锁端子缺失、退针和端子损坏等故障的排除方法。					
资讯	通过自主学习及查阅相关资料，完成下列题目： 1. 高压互锁电路英文全名为High Voltage Interlock Loop，指的是通过使用＿＿＿＿＿＿，来检查整个高压产品、导线、插接器及护盖的电气＿＿＿＿＿＿，识别回路异常断开时，及时＿＿＿＿＿＿。 2. 电动汽车高压源头是＿＿＿＿＿＿，高压互锁最主要的目的就是，当高压系统回路出现＿＿＿＿＿＿等异常时，断开＿＿＿＿＿＿和＿＿＿＿＿＿的连接。 3. 常见的高压互锁问题主要有＿＿＿＿＿＿、＿＿＿＿＿＿、＿＿＿＿＿＿、＿＿＿＿＿＿和＿＿＿＿＿＿高低压插件未插到位或断开。					
决策与实施	请根据任务要求，确定所需要的检测仪器、工具，并对小组成员进行合理分工，制订拆检计划。 1. 需要的检测仪器、工具 ＿＿ 2. 小组成员分工 ＿＿ 3. 分小组实际操作 1）做好高压安全防护，根据任务实施情况，在括号里打对勾。 ① 绝缘手套是否完好：是＿＿＿＿＿　否＿＿＿＿＿； ② 金属饰物是否去除：是＿＿＿＿＿　否＿＿＿＿＿。 2）依次对车辆高压系统部件及接插件进行检查，检查是否有接插件未插到位，并记录故障点。 ＿＿					

（续）

		评价指标		评分标准	组内自评	组间互评	教师评价
决策与实施	3）若做完以上检查步骤，仪表盘还是显示整车高压故障现象。断开12V蓄电池负极，断开高压蓄电池维修塞。依次检查各个高压插件互锁端子有无缺失或退针，高压控制盒盖开关端子有无损坏等，观察并记录故障点。 4）若故障点为高压插件互锁端子缺失、退针和开关端子损坏等现象，拆卸并更换高压插件或高压部件，排除故障，并做好记录工作。 5）以小组为单位进行本次实训的汇报，并完成实训报告。 6）规整实训工具和实训场地，做好实训场地卫生。						
检查与评估	自学能力社会能力（40%）	线上学习（10分）		已完成课前任务线上学习，得6分；未完成，不得分			
				线上成绩排名前20%，得4分；排名前20%~50%，得2分；排名前50%~80%，得1分；其余不得分			
		工作纪律（10分）	按时出勤（2分）	依据课堂上的具体表现打分			
			穿着工装（2分）				
			课堂纪律（2分）				
			课堂参与（2分）				
			团队协作（2分）				
		安全操作（20分）	安全防护（4分）	依据每个小组各组员在实际操作过程中的具体表现打分，其中仪器设备的不规范使用，按每人次扣2分计，扣完为止			
			人身设备事故（4分）				
			高压安全操作（4分）				
			规范使用仪器设备（8分）				

(续)

	评价指标		评分标准	组内自评	组间互评	教师评价
检查与评估	专业能力 职业素养 工匠精神 (60%)	任务方案 (10分)	依据小组拟定的任务方案科学性、规范性和可操作性情况打分：优秀9~10分，良好7~8分，一般4~6分，不合格0~3分			
		实施步骤 (30分)	1. 检查是否有接插件未插到位，并记录故障点 (10分)	依据小组在实施本步骤时规范性和科学性情况打分：优秀9~10分，良好7~8分，一般4~6分，不合格0~3分			
			2. 检查高压插件互锁端子损坏等，并记录故障点 (10分)	依据小组在实施本步骤时规范性和科学性情况打分：优秀9~10分，良好7~8分，一般4~6分，不合格0~3分			
			3. 拆卸更换高压插件或高压部件，排除故障，并做好记录工作 (10分)	依据小组在实施本步骤时规范性和科学性情况打分：优秀9~10分，良好7~8分，一般4~6分，不合格0~3分			
		完成结果 (10分)	依据任务工单整体完成情况打分：优秀9~10分，良好7~8分，一般4~6分，不合格0~3分			
		5S管理 (10分)	完成任一方面得2分，本项最高10分			
	本次得分					
	最终得分 （组内自评30% + 组间互评30% + 教师评价40%）					

充电系统的认知 任务工单

任务名称	充电系统的认知	课时	4	班级	
小组成员		组长		组号	
实训设备		实训场地		任务成绩	
任务描述	一辆2015年产北汽EV160,车主反映车辆插上充电枪后不充电,技师刘强接车后安排学徒工王磊检查车辆的情况。如果你是王磊,请结合车辆对充电系统进行认知并对充电系统工作状况进行检查。				
能力目标	① 了解电动汽车充电系统的概念; ② 掌握电动汽车慢充、快充的充电方法; ③ 能辨析充电系统各关键部件的工作特性。				
资讯	通过自主学习及查阅相关资料,完成下列题目: 1. 充电系统是新能源汽车主要的能量补给系统,分为_____及_____两种方式。 2. 常规充电系统使用民用_____,通过_____整流变换、变压,将_____变换成_____通过_____给动力蓄电池进行供电。 3. 快速充电系统一般使用充电桩直接将高压大电流通过_____直接给动力蓄电池进行充电,不经过_____。 4. 车载充电机,相对传统工业电源,具有效率高、体积小和耐受恶劣工作环境等特点。车载充电机工作过程中需要协调_____和_____等部件。 5. 高压控制盒中快充继电器用于_____,快充继电器不闭合时,则无法快充。				
决策与实施	请根据任务要求,确定所需要的检测仪器、工具,并对小组成员进行合理分工,制订动力蓄电池拆装计划。 1. 需要的检测仪器、工具 2. 小组成员分工 3. 分小组实际操作 以北汽EV160为实训对象,对充电系统进行认知。 1)查找资料,记录直流充电接口、交流充电接口含义,描述充电系统的组成。				

（续）

决策与实施	2）查找维修手册，记录车载充电机各接插件接口的含义。 3）查找维修手册，记录车载充电机低压控制接插件各针脚含义。 4）以小组为单位进行本次实训的汇报，并完成实训报告。 5）规整实训工具和实训场地，做好实训场地卫生。						
检查与评估	自学能力 社会能力 (40%)	评价指标		评分标准	组内自评	组间互评	教师评价
		线上学习 (10分)		已完成课前任务线上学习，得6分；未完成，不得分			
				线上成绩排名前20%，得4分；排名前20%～50%，得2分；排名前50%～80%，得1分；其余不得分			
		工作纪律 (10分)	按时出勤 (2分)	依据课堂上的具体表现打分			
			穿着工装 (2分)				
			课堂纪律 (2分)				
			课堂参与 (2分)				
			团队协作 (2分)				
		安全操作 (20分)	安全防护 (4分)	依据每个小组各组员在实际操作过程中的具体表现打分，其中仪器设备的不规范使用，按每人次扣2分计，扣完为止			
			人身设备事故 (4分)				
			高压安全操作 (4分)				
			规范使用仪器设备 (8分)				

(续)

评价指标			评分标准	组内自评	组间互评	教师评价
检查与评估	专业能力职业素养工匠精神(60%)	任务方案(10分)	依据小组拟定的任务方案科学性、规范性和可操作性情况打分：优秀9~10分，良好7~8分，一般4~6分，不合格0~3分			
		实施步骤(30分)	1. 确认充电接口含义(10分) / 依据小组在实施本步骤时规范性和科学性情况打分：优秀9~10分，良好7~8分，一般4~6分，不合格0~3分			
			2. 确认车载充电机各接插件及接口含义(10分) / 依据小组在实施本步骤时规范性和科学性情况打分：优秀9~10分，良好7~8分，一般4~6分，不合格0~3分			
			3. 确认车载充电机低压控制接插件各针脚含义(10分) / 依据小组在实施本步骤时规范性和科学性情况打分：优秀9~10分，良好7~8分，一般4~6分，不合格0~3分			
		完成结果(10分)	依据任务工单整体完成情况打分：优秀9~10分，良好7~8分，一般4~6分，不合格0~3分			
		5S管理(10分)	完成任一方面得2分，本项最高10分			
	本次得分					
	最终得分(组内自评30%+组间互评30%+教师评价40%)					

充电系统常见故障及检修　任务工单

任务名称	充电系统常见故障及检修	课时	4	班级	
小组成员			组长	组号	
实训设备			实训场地	任务成绩	
任务描述	一辆2015年产北汽EV160，车主反映车辆插上充电枪后不充电，接车以后学徒工王磊对车辆进行故障现象确认，确定车辆无法充电。如果你是王磊，该如何进一步对充电系统进行检测，确定并排除故障。				
能力目标	① 掌握充电系统日常保养注意事项； ② 掌握充电系统常见故障及解决方案。				
资讯	通过自主学习及查阅相关资料，完成下列题目： 1. 交流充电接口的CC、CP、PE分别指_____、_____、_____。 2. 直流充电接口的S+、S-分别指_____、_____。 3. 家用电源充电，充电枪CC-PE电阻为_____；交流充电桩充电，充电枪CC-PE电阻为_____。 4. 车载充电机供电电源电压为_____。 5. 车载充电机CAN-H、CAN-L的电压区间分别为_____、_____。				
决策与实施	请根据任务要求，确定所需要的检测仪器、工具，并对小组成员进行合理分工，制订动力蓄电池拆装计划。 1. 需要的检测仪器、工具 2. 小组成员分工 3. 分小组实际操作 以北汽EV160为实训对象，对充电系统进行检测与诊断。 1）使用专用故障诊断仪，读取充电系统的故障码及故障码含义。 2）使用万用表，测量随车充电器或交流充电桩的充电枪CC-PE电阻，判定是否正常，并记录测量数据。 3）使用万用表，测量车载充电机电源是否存在12V电压，并记录测量数据。				

（续）

					组内自评	组间互评	教师评价
决策与实施		4）使用万用表，测量车载充电机搭铁是否正常，并记录测量数据。 5）使用万用表，在充电枪插入的情况下测量交流充电接口 CC-搭铁之间电压、CP-搭铁之间电压，判定是否正常并记录测量数据。 6）使用示波器，在充电枪插入的情况下测量交流充电接口 CAN-H、CAN-L 电压波形，判定是否正常，并记录测量数据。 7）以小组为单位进行本次实训的汇报，并完成实训报告。 8）规整实训工具和实训场地，做好实训场地卫生。					
检查与评估		评价指标		评分标准	组内自评	组间互评	教师评价
检查与评估	自学能力 社会能力 (40%)	线上学习 （10分）		已完成课前任务线上学习，得6分；未完成，不得分			
检查与评估	自学能力 社会能力 (40%)	线上学习 （10分）		线上成绩排名前20%，得4分；排名前20%~50%，得2分；排名前50%~80%，得1分；其余不得分			
检查与评估	自学能力 社会能力 (40%)	工作纪律 （10分）	按时出勤 （2分）	依据课堂上的具体表现打分			
检查与评估	自学能力 社会能力 (40%)	工作纪律 （10分）	穿着工装 （2分）	依据课堂上的具体表现打分			
检查与评估	自学能力 社会能力 (40%)	工作纪律 （10分）	课堂纪律 （2分）	依据课堂上的具体表现打分			
检查与评估	自学能力 社会能力 (40%)	工作纪律 （10分）	课堂参与 （2分）	依据课堂上的具体表现打分			
检查与评估	自学能力 社会能力 (40%)	工作纪律 （10分）	团队协作 （2分）	依据课堂上的具体表现打分			
检查与评估	自学能力 社会能力 (40%)	安全操作 （20分）	安全防护 （4分）	依据每个小组各组员在实际操作过程中的具体表现打分，其中仪器设备的不规范使用，按每人次扣2分计，扣完为止			
检查与评估	自学能力 社会能力 (40%)	安全操作 （20分）	人身设备事故 （4分）	依据每个小组各组员在实际操作过程中的具体表现打分，其中仪器设备的不规范使用，按每人次扣2分计，扣完为止			
检查与评估	自学能力 社会能力 (40%)	安全操作 （20分）	高压安全操作 （4分）	依据每个小组各组员在实际操作过程中的具体表现打分，其中仪器设备的不规范使用，按每人次扣2分计，扣完为止			
检查与评估	自学能力 社会能力 (40%)	安全操作 （20分）	规范使用仪器设备 （8分）	依据每个小组各组员在实际操作过程中的具体表现打分，其中仪器设备的不规范使用，按每人次扣2分计，扣完为止			

（续）

	评价指标		评分标准	组内自评	组间互评	教师评价
检查与评估	专业能力 职业素养 工匠精神 (60%)	任务方案 (10分)	依据小组拟定的任务方案科学性、规范性和可操作性情况打分：优秀9~10分，良好7~8分，一般4~6分，不合格0~3分			
		实施步骤 (30分)	1. 故障码读取 (10分)	依据小组在实施本步骤时规范性和科学性情况打分：优秀9~10分，良好7~8分，一般4~6分，不合格0~3分			
			2. 充电系统检测及数据记录 (10分)	依据小组在实施本步骤时规范性和科学性情况打分：优秀9~10分，良好7~8分，一般4~6分，不合格0~3分			
			3. 充电系统故障排除及思路分析 (10分)	依据小组在实施本步骤时规范性和科学性情况打分：优秀9~10分，良好7~8分，一般4~6分，不合格0~3分			
		完成结果 (10分)	依据任务工单整体完成情况打分：优秀9~10分，良好7~8分，一般4~6分，不合格0~3分			
		5S管理 (10分)	完成任一方面得2分，本项最高10分			
	本次得分					
	最终得分 （组内自评30% + 组间互评30% + 教师评价40%）					

整车控制器的功能和整车状态认知　任务工单

任务名称	整车控制器的功能和整车状态认知	课时	4	班级	
小组成员		组长		组号	
实训设备		实训场地		任务成绩	
任务描述	某新能源汽车4S店新接收了一辆待维修车辆,车辆型号为北汽EV160,据车主反映,车辆无法正常起动。技师刘强首先委派学徒工王磊利用故障诊断仪读取故障码,对整车控制器进行检查,发现是整车控制器故障,要求王磊对整车控制器进行拆卸、更换并进行记录。				
能力目标	① 掌握整车控制器的功能; ② 了解整车控制的方案; ③ 熟悉整车状态的获取; ④ 掌握整车控制器的拆装方法。				
资讯	通过自主学习及查阅相关资料,完成下列题目: 1. ＿＿＿＿＿＿安装在前机舱中。 2. 整车控制器掌握和控制车辆各部分状况,与＿＿＿＿＿、＿＿＿＿＿、＿＿＿＿＿、＿＿＿＿＿等部分进行联系。 3. 整车控制器的主要功用包括＿＿＿＿＿、＿＿＿＿＿、＿＿＿＿＿、＿＿＿＿＿和＿＿＿＿＿等。 4. 整车状态获取内容包括＿＿＿＿＿、＿＿＿＿＿、＿＿＿＿＿、＿＿＿＿＿、＿＿＿＿＿、＿＿＿＿＿和＿＿＿＿＿。				
决策与实施	请根据任务要求,确定所需要的检测仪器、工具,并对小组成员进行合理分工,制订拆检计划。 1. 需要的检测仪器、工具 2. 小组成员分工 				

（续）

	3. 分小组实际操作
决策与实施	1) 做好高压安全防护，断开高压蓄电池。根据任务实施情况，在括号里打对勾。 ① 绝缘手套是否完好：是_____ 否_____； ② 金属饰物是否去除：是_____ 否_____； ③ 将钥匙置于 OFF 档：是_____ 否_____； ④ 12V 蓄电池负极是否断开，并用绝缘胶带缠绕：是_____ 否_____。 2) 从实训整车找到整车控制器，拔下整车控制器连接线束插接头 A 和 B，操作顺序为：_____ _____ 3) 拧下整车控制器的四个螺钉，取下整车控制器（不进一步拆解）。 4) 以小组为单位进行本次实训的汇报，并完成实训报告。 5) 规整实训工具和实训场地，做好实训场地卫生。

		评价指标		评分标准	组内自评	组间互评	教师评价
检查与评估	自学能力社会能力(40%)	线上学习（10分）		已完成课前任务线上学习，得6分；未完成，不得分			
				线上成绩排名前20%，得4分；排名前20%～50%，得2分；排名前50%～80%，得1分；其余不得分			
		工作纪律（10分）	按时出勤（2分）	依据课堂上的具体表现打分			
			穿着工装（2分）				
			课堂纪律（2分）				
			课堂参与（2分）				
			团队协作（2分）				
		安全操作（20分）	安全防护（4分）	依据每个小组各组员在实际操作过程中的具体表现打分，其中仪器设备的不规范使用，按每人次扣2分计，扣完为止			
			人身设备事故（4分）				
			高压安全操作（4分）				
			规范使用仪器设备（8分）				

(续)

	评价指标		评分标准	组内自评	组间互评	教师评价
检查与评估	专业能力职业素养工匠精神（60%）	任务方案（10分）	依据小组拟定的任务方案科学性、规范性和可操作性情况打分：优秀9~10分，良好7~8分，一般4~6分，不合格0~3分			
		实施步骤（30分） 1. 拔下整车控制器线束插接头（10分）	依据小组在实施本步骤时规范性和科学性情况打分：优秀9~10分，良好7~8分，一般4~6分，不合格0~3分			
		2. 拧下整车控制器安装螺钉（10分）	依据小组在实施本步骤时规范性和科学性情况打分：优秀9~10分，良好7~8分，一般4~6分，不合格0~3分			
		3. 安装整车控制器（10分）	依据小组在实施本步骤时规范性和科学性情况打分：优秀9~10分，良好7~8分，一般4~6分，不合格0~3分			
		完成结果（10分）	依据任务工单整体完成情况打分：优秀9~10分，良好7~8分，一般4~6分，不合格0~3分			
		5S管理（10分）	完成任一方面得2分，本项最高10分			
	本次得分					
	最终得分（组内自评30%+组间互评30%+教师评价40%）					

整车控制策略的认知　任务工单

任务名称	整车控制策略的认知	课时	4	班级	
小组成员		组长		组号	
实训设备		实训场地		任务成绩	
任务描述	某新能源汽车4S店新接收了一辆待维修车辆，车辆型号为北汽EV160，据车主反映，车辆仪表报整车故障，车辆加速无反应。技师刘强首先委派学徒工王磊利用故障诊断仪读取故障码，并结合整车控制策略，检查线束端子电压。					
能力目标	① 理解整车工作模式； ② 了解整车充电过程控制； ③ 了解整车上电过程控制； ④ 了解整车驱动控制； ⑤ 了解整车高压及辅助系统控制。					
资讯	通过自主学习及查阅相关资料，完成下列题目： 1. 整车控制策略包括_____、_____、_____、_____和_____。 2. 整车分为_____和_____两个工作模式。 3. 在充电过程中，_____不直接参与充电控制，而是实时监控_____，包括对异常情况进行_____，以及发送部分信息至仪表显示，上传监控平台信息。 4. 整车上电分为_____和_____两个步骤。 5. 整车驱动控制的核心是_____—_____—_____—_____四部分。					
决策与实施	请根据任务要求，确定所需要的检测仪器、工具，并对小组成员进行合理分工，制订拆检计划。 1. 需要的检测仪器、工具 2. 小组成员分工 3. 分小组实际操作 1）做好高压安全防护，断开高压蓄电池。根据任务实施情况，在括号里打对勾。 ① 绝缘手套是否完好：是_____　否_____； ② 金属饰物是否去除：是_____　否_____。					

(续)

		评价指标		评分标准	组内自评	组间互评	教师评价
决策与实施	2）从实训整车找到OBD诊断接口，连接故障诊断仪后进入诊断界面，选择对应的诊断车辆品牌和型号，浏览相应的故障码并记录。 3）读取数据流，记录加速踏板信号电压。 4）使用结束后清除故障码。 5）以小组为单位进行本次实训的汇报，并完成实训报告。 6）规整实训工具和实训场地，做好实训场地卫生。							
检查与评估	自学能力社会能力（40%）	线上学习（10分）		已完成课前任务线上学习，得6分；未完成，不得分			
				线上成绩排名前20%，得4分；排名前20%～50%，得2分；排名前50%～80%，得1分；其余不得分			
		工作纪律（10分）	按时出勤（2分）	依据课堂上的具体表现打分			
			穿着工装（2分）				
			课堂纪律（2分）				
			课堂参与（2分）				
			团队协作（2分）				
		安全操作（20分）	安全防护（4分）	依据每个小组各组员在实际操作过程中的具体表现打分，其中仪器设备的不规范使用，按每人次扣2分计，扣完为止			
			人身设备事故（4分）				
			高压安全操作（4分）				
			规范使用仪器设备（8分）				

（续）

	评价指标		评分标准	组内自评	组间互评	教师评价
检查与评估	专业能力职业素养工匠精神（60%）	任务方案（10分）	依据小组拟定的任务方案科学性、规范性和可操作性情况打分：优秀9~10分，良好7~8分，一般4~6分，不合格0~3分			
		实施步骤（30分） 1. 连接故障诊断仪（10分）	依据小组在实施本步骤时规范性和科学性情况打分：优秀9~10分，良好7~8分，一般4~6分，不合格0~3分			
		2. 读取数据流，记录加速踏板信号电压（10分）	依据小组在实施本步骤时规范性和科学性情况打分：优秀9~10分，良好7~8分，一般4~6分，不合格0~3分			
		3. 清除故障码（10分）	依据小组在实施本步骤时规范性和科学性情况打分：优秀9~10分，良好7~8分，一般4~6分，不合格0~3分			
		完成结果（10分）	依据任务工单整体完成情况打分：优秀9~10分，良好7~8分，一般4~6分，不合格0~3分			
		5S管理（10分）	完成任一方面得2分，本项最高10分			
	本次得分					
	最终得分（组内自评30%+组间互评30%+教师评价40%）					

整车故障管理 任务工单

任务名称	整车故障管理	课时	4	班级	
小组成员			组长	组号	
实训设备			实训场地	任务成绩	
任务描述	某新能源汽车4S店新接收了一辆待维修车辆,车辆型号为北汽EV160,据车主反映,车辆仪表报整车故障,车辆加速无反应。学徒工王磊首先利用故障诊断仪读取故障码,并结合整车控制策略,检查线束端子电压和是否断路等情况。				
能力目标	① 理解整车故障诊断流程; ② 熟悉整车故障等级; ③ 掌握整车充电、上电异常排故流程。				
资讯	通过自主学习及查阅相关资料,完成下列题目: 1. 整车故障诊断基本流程为:连接_____,进入诊断界面后按照流程进行_____,最后_____,试车,将车辆交还用户。 2. 整车故障等级分为一级、二级、三级和四级。其中,一级为致命故障,故障后处理为_____;二级为严重故障,故障后处理为_____。 3. 如果整车充电异常情况为充电连接指示灯闪烁,故障排查点主要包括_____、_____。 4. 如果整车上电异常情况为高压连接指示灯亮,故障排查点主要包括_____、_____。				
决策与实施	请根据任务要求,确定所需要的检测仪器、工具,并对小组成员进行合理分工,制订拆检计划。 1. 需要的检测仪器、工具 2. 小组成员分工 3. 分小组实际操作 1) 做好高压安全防护,断开高压蓄电池。根据任务实施情况,在括号里打对勾。 ① 绝缘手套是否完好:是_____ 否_____; ② 金属饰物是否去除:是_____ 否_____。 2) 使用故障诊断仪读取数据流信息,选取加速踏板信号1和加速踏板信号2。 3) 检查加速踏板线束端子Pin1和Pin2的电压,以及Pin3和Pin5的电压。				

（续）

					组内自评	组间互评	教师评价
决策与实施	4）当不踩踏板时，检查加速踏板线束端子 Pin4 和 Pin6 的搭铁电压。 5）当踩下踏板时，保持一定开度，检查加速踏板线束端子 Pin4 和 Pin6 的电压。 6）检查与加速踏板连接的线束有无短路、断路和退针现象，如线束有问题则更换线束。 7）如果以上线束确认没问题，更换加速踏板传感器。 8）使用结束后清除故障码。 9）以小组为单位进行本次实训的汇报，并完成实训报告。 10）规整实训工具和实训场地，做好实训场地卫生。 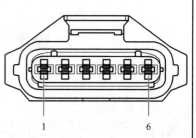 加速踏板位置传感器端口外形						
检查与评估		评价指标		评分标准			
	自学能力社会能力(40%)	线上学习（10分）		已完成课前任务线上学习，得6分；未完成，不得分			
				线上成绩排名前20%，得4分；排名前20%~50%，得2分；排名前50%~80%，得1分；其余不得分			
		工作纪律（10分）	按时出勤（2分）	依据课堂上的具体表现打分			
			穿着工装（2分）				
			课堂纪律（2分）				
			课堂参与（2分）				
			团队协作（2分）				
		安全操作（20分）	安全防护（4分）	依据每个小组各组员在实际操作过程中的具体表现打分，其中仪器设备的不规范使用，按每人次扣2分计，扣完为止			
			人身设备事故（4分）				
			高压安全操作（4分）				
			规范使用仪器设备（8分）				

（续）

	评价指标		评分标准	组内自评	组间互评	教师评价
检查与评估	专业能力职业素养工匠精神（60%）	任务方案（10分）	依据小组拟定的任务方案科学性、规范性和可操作性情况打分：优秀9~10分，良好7~8分，一般4~6分，不合格0~3分			
		实施步骤（30分） 1. 读取故障诊断仪数据流（10分）	依据小组在实施本步骤时规范性和科学性情况打分：优秀9~10分，良好7~8分，一般4~6分，不合格0~3分			
		2. 检查加速踏板线束端子电压（10分）	依据小组在实施本步骤时规范性和科学性情况打分：优秀9~10分，良好7~8分，一般4~6分，不合格0~3分			
		3. 检查与加速踏板连接的线束（10分）	依据小组在实施本步骤时规范性和科学性情况打分：优秀9~10分，良好7~8分，一般4~6分，不合格0~3分			
		完成结果（10分）	依据任务工单整体完成情况打分：优秀9~10分，良好7~8分，一般4~6分，不合格0~3分			
		5S管理（10分）	完成任一方面得2分，本项最高10分			
	本次得分					
	最终得分（组内自评30% + 组间互评30% + 教师评价40%）					

制动系统的检修 任务工单

任务名称	制动系统的检修	课时	4	班级	
小组成员			组长	组号	
实训设备			实训场地	任务成绩	
任务描述	某新能源汽车4S店新接收了一辆待维修车辆,车辆型号为北汽EV160,车辆存在多次踩制动踏板有漏气声。技师刘强首先委派学徒工王磊连续踩制动踏板以后踩住,发现真空助力器及连接管路有漏气声,要求王磊对制动系统的真空助力器及连接管路进行检查并进行记录。					
能力目标	① 掌握制动系统的作用; ② 掌握制动系统的构成和原理; ③ 掌握电动真空系统的常见故障及原因分析。					
资讯	通过自主学习及查阅相关资料,完成下列题目: 1. 汽车制动系统的作用一般可以用以下三方面的制动效果表示: 1) ＿＿＿＿＿＿＿＿＿＿＿＿＿＿＿＿＿＿＿＿＿＿＿＿＿＿＿＿＿＿＿; 2) 使下坡行驶的汽车速度保持稳定。 3) 使已停止行驶的汽车保持静止不动(平直路面及坡道)。 2. 电动汽车的制动系统与传统汽车的制动系统相类似,主要包括＿＿＿＿＿、＿＿＿＿＿、＿＿＿＿＿和＿＿＿＿＿等四个基本组成部分。 3. 电动汽车所用的制动器主要有＿＿＿＿＿和＿＿＿＿＿两种。 4. 目前,汽车上所用的制动压力调节装置主要为＿＿＿＿＿＿＿＿＿＿＿＿＿＿＿＿＿＿＿＿,英文为Antilock Brake System,简称ABS。 5. 在电动真空系统的常见故障中,连接电源后电机不转的故障现象出现时应该检查熔丝是否熔断,如果熔丝未熔断,则有以下三种故障原因: 1) ＿＿＿＿＿＿;2) ＿＿＿＿＿＿;3) ＿＿＿＿＿＿。					
决策与实施	请根据任务要求,确定所需要的检测仪器、工具,并对小组成员进行合理分工,制订拆检计划。 1. 需要的检测仪器、工具 2. 小组成员分工 3. 分小组实际操作 1) 观察并记录实训车辆的前后制动器分别为什么形式的制动器。 ① 实训车辆的品牌:＿＿＿＿＿＿＿＿＿＿＿＿＿＿＿＿＿＿＿＿; ② 实训车辆的型号:＿＿＿＿＿＿＿＿＿＿＿＿＿＿＿＿＿＿＿＿;					

(续)

		评价指标		评分标准	组内自评	组间互评	教师评价
决策与实施	\multicolumn{7}{l	}{③ 实训车辆的前制动器形式：_____； ④ 实训车辆的后制动器形式：_____。 2）观察并记录实训车辆制动器的主要组成部件（若前后一致，则只填写①）。 ① 前制动器的主要组成部件：_____； ② 后制动器的主要组成部件：_____。 3）观察实训车辆上的电动真空泵和真空储存罐，并试着讲述电动真空助力系统如何工作。 4）在电动真空系统的常见故障中，设备的机壳带电时，有哪两种故障原因。 ① _____； ② _____。 5）以小组为单位进行本次实训的汇报，并完成实训报告。 6）规整实训工具和实训场地，做好实训场地卫生。}
检查与评估	自学能力社会能力（40%）	线上学习（10分）		已完成课前任务线上学习，得6分；未完成，不得分			
				线上成绩排名前20%，得4分；排名前20%~50%，得2分；排名前50%~80%，得1分；其余不得分			
		工作纪律（10分）	按时出勤（2分）	依据课堂上的具体表现打分			
			穿着工装（2分）				
			课堂纪律（2分）				
			课堂参与（2分）				
			团队协作（2分）				
		安全操作（20分）	安全防护（4分）	依据每个小组各组员在实际操作过程中的具体表现打分，其中仪器设备的不规范使用，按每人次扣2分计，扣完为止			
			人身设备事故（4分）				
			高压安全操作（4分）				
			规范使用仪器设备（8分）				

（续）

	评价指标		评分标准	组内自评	组间互评	教师评价
检查与评估	专业能力职业素养工匠精神（60%）	任务方案（10分）	依据小组拟定的任务方案科学性、规范性和可操作性情况打分：优秀9~10分，良好7~8分，一般4~6分，不合格0~3分			
		实施步骤（30分） 1. 制动器形式的认知（10分）	依据小组在实施本步骤时规范性和科学性情况打分：优秀9~10分，良好7~8分，一般4~6分，不合格0~3分			
		2. 制动压力调节装置组成及原理的认知（10分）	依据小组在实施本步骤时规范性和科学性情况打分：优秀9~10分，良好7~8分，一般4~6分，不合格0~3分			
		3. 电动真空系统的常见故障及原因分析（10分）	依据小组在实施本步骤时规范性和科学性情况打分：优秀9~10分，良好7~8分，一般4~6分，不合格0~3分			
		完成结果（10分）	依据任务工单整体完成情况打分：优秀9~10分，良好7~8分，一般4~6分，不合格0~3分			
		5S管理（10分）	完成任一方面得2分，本项最高10分			
	本次得分					
	最终得分（组内自评30%＋组间互评30%＋教师评价40%）					

冷却系统的检修　任务工单

任务名称	冷却系统的检修	课时	4	班级	
小组成员			组长	组号	
实训设备			实训场地	任务成绩	
任务描述	某新能源汽车4S店新接收了一辆待维修车辆，车辆型号为北汽EV160，据车主反映，车辆在行驶中仪表显示电机过热故障，再行驶几公里后，仪表显示电机控制器过热，并且限速的现象。技师刘强首先委派学徒工王磊处理该故障车辆，并要求王磊对冷却液、电动水泵、电子风扇、冷却液循环管路等进行检查并记录。				
能力目标	① 掌握纯电动汽车的热源； ② 掌握纯电动汽车动力蓄电池冷却系统的两种形式； ③ 掌握纯电动汽车冷却系统的组成； ④ 具备纯电动汽车冷却系统的冷却液更换能力； ⑤ 掌握冷却系统常见故障及诊断的方法。				
资讯	通过自主学习及查阅相关资料，完成下列题目： 1. 纯电动汽车的主要热源来自于_____、_____和_____等。 2. 目前，纯电动汽车的动力蓄电池冷却系统可以分为_____和_____两种方式。部分车辆还在其动力蓄电池上设计了热管理系统。 3. 纯电动汽车的冷却系统主要由_____、_____、_____、冷却管路和冷却液等组成。 4. 膨胀水箱中的冷却液建议完全更换的周期一般为_____。 5. 冷却系统常见故障中的电机或控制器过热故障现象，其故障部位如果位于电子风扇，有哪三种故障原因。 1) _____。 2) _____。 3) _____。				
决策与实施	请根据任务要求，确定所需要的检测仪器、工具，并对小组成员进行合理分工，制订拆检计划。 1. 需要的检测仪器、工具 2. 小组成员分工 3. 分小组实际操作 1) 观察并记录实训车辆的动力蓄电池、电机和电机控制器分别属于哪种冷却方式。 ① 动力蓄电池的冷却方式：_____； ② 电机的冷却方式：_____； ③ 电机控制器的冷却方式：_____。				

(续)

		评价指标		评分标准	组内自评	组间互评	教师评价
决策与实施		2）观察实训车辆冷却系统的主要组成部件，并指出其具体位置，然后完成下列部件和它主要功能的连线。 部件：①电动水泵　②散热器　③风扇　④冷却液 功能：①增大散热面积，加速冷却液的冷却　②在冷却管中流动，带走流量　③冷却液循环的动力元件　④增强散热器的散热能力 3）进行冷却液的更换，并记录冷却液更换步骤： ①＿＿＿＿＿→②＿＿＿＿＿→③＿＿＿＿＿→④＿＿＿＿＿→ ⑤＿＿＿＿＿→⑥＿＿＿＿＿。 4）观察实训车辆的电子风扇，并思考冷却系统部件异响的常见故障中，电子风扇异响的故障原因包括哪些。 ①＿＿＿＿＿＿＿＿＿＿＿；②＿＿＿＿＿＿＿＿＿＿＿； ③＿＿＿＿＿＿＿＿＿＿＿；④＿＿＿＿＿＿＿＿＿＿＿。 5）以小组为单位进行本次实训的汇报，并完成实训报告。 6）规整实训工具和实训场地，做好实训场地卫生。					
检查与评估	自学能力社会能力（40%）	线上学习（10分）		已完成课前任务线上学习，得6分；未完成，不得分			
				线上成绩排名前20%，得4分；排名前20%～50%，得2分；排名前50%～80%，得1分；其余不得分			
		工作纪律（10分）	按时出勤（2分）	依据课堂上的具体表现打分			
			穿着工装（2分）				
			课堂纪律（2分）				
			课堂参与（2分）				
			团队协作（2分）				
		安全操作（20分）	安全防护（4分）	依据每个小组各组员在实际操作过程中的具体表现打分，其中仪器设备的不规范使用，按每人次扣2分计，扣完为止			
			人身设备事故（4分）				
			高压安全操作（4分）				
			规范使用仪器设备（8分）				

冷却系统的检修 任务工单

（续）

评价指标			评分标准	组内自评	组间互评	教师评价
检查与评估	专业能力职业素养工匠精神（60%）	任务方案（10分）	依据小组拟定的任务方案科学性、规范性和可操作性情况打分：优秀9～10分，良好7～8分，一般4～6分，不合格0～3分			
		实施步骤（30分）	1. 冷却系统的认知（10分）	依据小组在实施本步骤时规范性和科学性情况打分：优秀9～10分，良好7～8分，一般4～6分，不合格0～3分			
			2. 冷却液更换方法的操作（10分）	依据小组在实施本步骤时规范性和科学性情况打分：优秀9～10分，良好7～8分，一般4～6分，不合格0～3分			
			3. 冷却系统常见故障及诊断的方法（10分）	依据小组在实施本步骤时规范性和科学性情况打分：优秀9～10分，良好7～8分，一般4～6分，不合格0～3分			
		完成结果（10分）	依据任务工单整体完成情况打分：优秀9～10分，良好7～8分，一般4～6分，不合格0～3分			
		5S管理（10分）	完成任一方面得2分，本项最高10分			
	本次得分					
	最终得分（组内自评30% + 组间互评30% + 教师评价40%）					

电动空调系统的检修　任务工单

任务名称	电动空调系统的检修	课时	4	班级	
小组成员		组长		组号	
实训设备		实训场地		任务成绩	
任务描述	某新能源汽车4S店新接收了一辆待维修车辆，车辆型号为北汽EV160，据车主反映，车辆开启热空调，但是没有热风送出的现象。技师刘强首先委派学徒工王磊处理该故障车辆，要求王磊对PTC控制器加热器进行检查并记录。					
能力目标	① 掌握纯电动汽车空调制冷系统的组成； ② 掌握纯电动汽车空调送风系统的组成； ③ 掌握纯电动汽车供暖系统的组成； ④ 掌握纯电动汽车空调系统的常见故障及其诊断方法。					
资讯	通过自主学习及查阅相关资料，完成下列题目： 1. 汽车空调系统主要由＿＿＿＿、＿＿＿＿和＿＿＿＿三部分组成。 2. 纯电动汽车的空调制冷系统主要由＿＿＿＿、＿＿＿＿、＿＿＿＿、＿＿＿＿及管路组成。 3. 冷凝器是对压缩机排出的＿＿＿＿制冷剂蒸气进行冷却，使之凝结成＿＿＿＿液体的热交换器。 4. 传统汽车是以发动机作为热源的，然而纯电动汽车是依靠电加热器的热能来供暖的，其热源为＿＿＿＿。 5. 汽车空调系统的常见故障有＿＿＿＿、＿＿＿＿和＿＿＿＿三大类。					
决策与实施	请根据任务要求，确定所需要的检测仪器、工具，并对小组成员进行合理分工，制订拆检计划。 1. 需要的检测仪器、工具 2. 小组成员分工 3. 分小组实际操作 1) 观察实训车辆空调制冷系统的主要组成部件，并说明下列部件的主要功能。 ① 电动压缩机：＿＿＿＿＿＿＿＿＿＿＿＿＿＿＿＿＿＿＿＿＿＿＿＿＿＿＿＿＿； ② 冷凝器：＿＿＿＿＿＿＿＿＿＿＿＿＿＿＿＿＿＿＿＿＿＿＿＿＿＿＿＿＿＿＿； ③ 膨胀阀：＿＿＿＿＿＿＿＿＿＿＿＿＿＿＿＿＿＿＿＿＿＿＿＿＿＿＿＿＿＿＿； ④ 蒸发器：＿＿＿＿＿＿＿＿＿＿＿＿＿＿＿＿＿＿＿＿＿＿＿＿＿＿＿＿＿＿＿。					

电动空调系统的检修 任务工单

（续）

					组内自评	组间互评	教师评价
决策与实施	\multicolumn{4}{l|}{2）观察实训车辆空调送风系统的各种元件，并记录风道中有哪两种传感器。 ①_____；②_____。 3）观察 PTC 加热电阻，讨论并记录其结构由哪些材料构成的。 PTC 加热电阻的结构材料主要有：_____。 4）根据实训指导老师在实训车辆上设置空调系统常见的故障，根据故障现象，描述并记录故障现象、故障产生的原因以及解决方法。 ① 故障现象：_____； ② 故障原因：_____； ③ 解决方法：_____。 5）以小组为单位进行本次实训的汇报，并完成实训报告。 6）规整实训工具和实训场地，做好实训场地卫生。}						
	\multicolumn{2}{c	}{评价指标}	评分标准				
检查与评估	自学能力 社会能力 （40%）	线上学习 （10分）	已完成课前任务线上学习，得6分；未完成，不得分				
			线上成绩排名前20%，得4分；排名前20%~50%，得2分；排名前50%~80%，得1分；其余不得分				
		工作纪律 （10分）	按时出勤 （2分）	依据课堂上的具体表现打分			
			穿着工装 （2分）				
			课堂纪律 （2分）				
			课堂参与 （2分）				
			团队协作 （2分）				
		安全操作 （20分）	安全防护 （4分）	依据每个小组各组员在实际操作过程中的具体表现打分，其中仪器设备的不规范使用，按每人次扣2分计，扣完为止			
			人身设备事故 （4分）				
			高压安全操作 （4分）				
			规范使用仪器设备 （8分）				

(续)

	评价指标		评分标准	组内自评	组间互评	教师评价
检查与评估	专业能力 职业素养 工匠精神 (60%)	任务方案 (10分)	依据小组拟定的任务方案科学性、规范性和可操作性情况打分：优秀9~10分，良好7~8分，一般4~6分，不合格0~3分			
		实施步骤 (30分)	1. 空调制冷系统的认知 (7分)	依据小组在实施本步骤时规范性和科学性情况打分：优秀9~10分，良好7~8分，一般4~6分，不合格0~3分			
			2. 空调送风系统的认知 (6分)	依据小组在实施本步骤时规范性和科学性情况打分：优秀9~10分，良好7~8分，一般4~6分，不合格0~3分			
			3. 空调供暖系统的认知 (7分)	依据小组在实施本步骤时规范性和科学性情况打分：优秀9~10分，良好7~8分，一般4~6分，不合格0~3分			
			4. 空调系统常见故障及诊断方法分析 (10分)	依据小组在实施本步骤时规范性和科学性情况打分：优秀9~10分，良好7~8分，一般4~6分，不合格0~3分			
		完成结果 (10分)	依据任务工单整体完成情况打分：优秀9~10分，良好7~8分，一般4~6分，不合格0~3分			
		5S管理 (10分)	完成任一方面得2分，本项最高10分			
	本次得分					
	最终得分 (组内自评30%+组间互评30%+教师评价40%)					